ESTOICISMO

Dados Internacionais de Catalogação na Publicação (CIP)
(Câmara Brasileira do Livro, SP, Brasil)

Sellars, John
  Estoicismo / John Sellars ; tradução de Israel Vilas Bôas. – Petrópolis, RJ : Vozes, 2024.

  Título original: Stoicism
  ISBN 978-85-326-6810-3

  1. Estoicos 2. Ética (Moral filosófica) 3. Filosofia 4. Sabedoria I. Título.

24-212404   CDD-188

Índices para catálogo sistemático:

1. Estoicismo : Filosofia   188

Eliane de Freitas Leite – Bibliotecária – CRB 8/8415

John Sellars

ESTOICISMO

Tradução de Israel Vilas Bôas

© 2006, John Sellars.
Tradução autorizada da edição em língua inglesa, publicada pela primeira vez pela Acumen e agora publicada pela Routledge, membro da Taylor & Francis Group.

Tradução do original em inglês intitulado *Stoicism*.

Direitos de publicação em língua portuguesa – Brasil:
2024, Editora Vozes Ltda.
Rua Frei Luís, 100
25689-900 Petrópolis, RJ
www.vozes.com.br
Brasil

Todos os direitos reservados. Nenhuma parte desta obra poderá ser reproduzida ou transmitida por qualquer forma e/ou quaisquer meios (eletrônico ou mecânico, incluindo fotocópia e gravação) ou arquivada em qualquer sistema ou banco de dados sem permissão escrita da editora.

CONSELHO EDITORIAL

Diretor
Volney J. Berkenbrock

Editores
Aline dos Santos Carneiro
Edrian Josué Pasini
Marilac Loraine Oleniki
Welder Lancieri Marchini

Conselheiros
Elói Dionísio Piva
Francisco Morás
Gilberto Gonçalves Garcia
Ludovico Garmus
Teobaldo Heidemann

Secretário executivo
Leonardo A.R.T. dos Santos

PRODUÇÃO EDITORIAL

Aline L.R. de Barros
Marcelo Telles
Mirela de Oliveira
Otaviano M. Cunha
Rafael de Oliveira
Samuel Rezende
Vanessa Luz
Verônica M. Guedes

Conselho de projetos editoriais
Luísa Ramos M. Lorenzi
Natália França
Priscilla A.F. Alves

Diagramação: Editora Vozes
Revisão gráfica: Anna Carolina Guimarães
Capa: Rafael Machado

ISBN 978-85-326-6810-3 (Brasil)
ISBN 978-1-84465-053-8 (Reino Unido)

Este livro foi composto e impresso pela Editora Vozes Ltda.

Em memória de Gloria Walker,
uma estoica de verdade.

Sumário

Prefácio, 11
Fontes e abreviaturas, 15
Cronologia, 19

1 – Introdução, 21

- Que é o estoicismo? 21
- Os estoicos antigos 25
    - Zenão 25
    - Aristo 28
    - Cleantes 28
    - Crisipo 29
- Os estoicos intermediários 30
    - Panécio 31
    - Possidônio 32
- Os estoicos tardios 34
    - Sêneca 35
    - Cornuto 37
    - Musônio Rufo 37
    - Epiteto 39
    - Marco Aurélio 41
    - Hiérocles e Cleomedes 42
- Outras fontes 44
    - Cícero 45
    - Plutarco 46
    - Galeno 46

  Sexto Empírico 47
  Alexandre de Afrodísias 48
  Diógenes Laércio 49
  Estobeu 49
  Simplício 50
 Declínio e perda de textos 51

2 – O sistema estoico, 57
 Como os estoicos concebiam a filosofia? 57
 A função do sábio estoico 63
 As "três partes" da filosofia 70
 A filosofia e o discurso filosófico 72
 A natureza inter-relacionada do sistema estoico 82

3 – Lógica estoica, 85
 A lógica na Antiguidade 85
 A dialética estoica 86
 Filosofia da linguagem 91
 Epistemologia estoica 96
 Estoicismo e empirismo 109
 Resumo 114

4 – A física estoica, 115
 Ontologia 115
 Princípios 122
 Deus e a natureza 127
 Cosmologia 133
 Destino e providência 138
 Psicologia 144

5 – A ÉTICA ESTOICA, 147

A autopreservação e a origem dos valores. 147
Bens reais e "indiferentes". 151
As emoções 156
Ação apropriada 164
Virtude e felicidade 167
Viver segundo a natureza 170
A dimensão política 175
Resumo 181

6 – O LEGADO ESTOICO, 183

Antiguidade tardia e Idade Média 183
O Renascimento e a filosofia moderna inicial 189
O século dezenove e vinte 202
Resumo 209

Glossário de nomes, 211
Glossário de termos, 215
Bibliografia em Português, 219
Bibliografia, 221
Índice remissivo, 227

Prefácio

O estoicismo foi uma das correntes filosóficas de maior prestígio na Antiguidade, e a sua influência continua até hoje. Surgido em Atenas em 300 a.e.c., o estoicismo se tornou popular sobretudo no mundo romano; em eras mais recentes, influenciou pensadores tão diversos entre si quanto Montaigne, Kant, Nietzsche e Deleuze. O estoicismo dá-nos uma perspectiva peculiar e exigente, quer do mundo no seu todo, quer dos seres humanos como indivíduos. Concebe o mundo de uma maneira materialista e determinista, como um todo unificado, do qual cada um de nós é uma parte. Mostra-nos o ser humano como um animal inteiramente racional, cujas emoções violentas são, na verdade, o resultado de erros de raciocínio. No atual imaginário popular, o estoicismo é sobretudo uma calma sem emoção e uma resistência heroica às adversidades. Como se verá, esta imagem popular, como muitas outras, tem um fundo de verdade que é combinado com uma distorção infeliz.

Este livro visa a apresentar a filosofia estoica a leitores que não a conhecem e não pressupõe nenhum conhecimento de filosofia antiga, tampouco de filosofia em geral. Ele deve ser útil para estudantes de filosofia, para estudantes de clássicas e para leitores simplesmente interessados no assunto. Para além de esboçar as ideias filosóficas mais importantes do estoicismo, um dos objetivos desta obra é apresentar ao leitor, seja os autores diversos, seja as fontes variadas, com que ele se deparará quando investigar o estoicismo. A extensão das fontes de que se vale na reconstrução da filosofia estoica pode ser assombrosa para um iniciante incauto. Essa extensão reflete, em parte, o fato de que as obras dos primeiros estoicos se perderam quase que por completo, com a exceção de fragmentos citados por outras pessoas e de resumos de suas obras, os quais amiúde foram feitos por críticos hostis ao estoicismo. As obras dos estoicos tardios, escritas no período romano, das quais as mais famosas são as de Sêneca e as de Marco Aurélio, sobreviveram, mas foram com frequência tachadas de pouco originais e de limitadas à ética prática. Neste livro, prestarei igual atenção tanto ao que se sabe dos primeiros estoicos, quanto aos textos dos estoicos tardios que sobreviveram.

No capítulo um, apresenta-se uma introdução aos próprios estoicos antigos, às suas obras e a outros autores da Antiguidade que relatam informações acerca da filosofia estoica antiga. No capítulo dois, examina-se como os próprios estoicos concebiam a filosofia e como estruturavam seu próprio sistema filosófico. Nos capítulos três, quatro e cinco, as doutrinas filosóficas estoicas são examinadas na ordem estabelecida pela divisão estoica do discurso filosófico em três partes: lógica, física e ética. No capítulo seis, oferece-se um breve esboço do impacto posterior do estoicismo na filosofia ocidental. Ao final do volume, há um guia detalhado para leituras adicionais.

É óbvio que, em um livro introdutório deste tipo, alguns tópicos foram omitidos e outros foram examinados de forma apenas sucinta. Não foi possível discutir interpretações concorrentes de alguns pontos, e os tratamentos aqui apresentados parecerão inevitavelmente algo superficiais àqueles já bem familiarizados com as fontes antigas e a literatura acadêmica. Não afirmo que as interpretações que ofereço sejam definitivas e parte da razão para fornecer um guia bastante detalhado para leituras adicionais consiste em encorajar os leitores a explorarem outras reconstruções da filosofia estoica por si mesmos. Se os leitores se sentirem devidamente inspirados a aprofundar-se mais no assunto, então este volume terá cumprido bem seu propósito.

Este volume foi escrito durante o exercício de uma bolsa de pesquisa júnior na faculdade Wolfson da Universidade de Oxford, e desejo tornar públicos meus agradecimentos ao reitor e aos colegas pesquisadores por me acolherem em sua comunidade. Grande parte do trabalho preparatório coincidiu com as aulas de filosofia helênica que dei no King's College London nos anos de 2004 e de 2005, e gostaria de agradecer aos meus colegas de curso: Mary Margaret Anne McCabe, Verity Harte e Peter Gallagher. Gostaria também de agradecer a Steven Gerrard na Editora Acumen por todo seu trabalho em meu favor, bem como a três leitores anônimos que fizeram comentários detalhados e construtivos em um rascunho anterior. Kate Williams foi uma excelente editora. Como sempre, não teria completado este volume sem o apoio de Dawn.

Fontes e abreviaturas

Os textos mencionados aqui são as principais fontes antigas do estoicismo, embora, é claro, esta lista não seja nem de longe exaustiva. Esta lista também serve de guia para as principais abreviaturas usadas neste volume. Os detalhes bibliográficos completos estão nas referências bibliográficas.

Aécio
De Placitis Reliquiae em Diels (1965).

Alexandre de Afrodísias
in Top. = *in Topica* (*Comentários aos Tópicos de Aristóteles*)
Mixt. = *De Mixtione* (*Mistura*)

Ário Dídimo
Epítome da ética estoica. A referência das citações deste livro será feita conforme as seções de parágrafos que Estobeu excogitou em sua *Antologia*, livro 2, capítulo 7. A tradução para o inglês que citarei é a que consta em Pomeroy (1999) e em Inwood; Gerson (1997).

Aulo Gélio
    NA = *Noctes Atticae* (*Noites áticas*)

Calcídio
    in Tim. = *in Timaeus* (*Comentário ao* Timeu *de Platão*)

Cícero
    Acad. = *Academica* (*Assuntos acadêmicos*)
    Div. = *De Divinatione* (*Adivinhação*)
    Fat. = *De Fato* (*Destino*)
    Fin. = *De Finibus Bonorum et Malorum* (*As últimas fronteiras do bem e do mal*)
    ND = *De Natura Deorum* (*A natureza dos deuses*)
    Parad. = *Paradoxa Stoicorum* (*Paradoxos dos estoicos*)
    Tusc. = *Tusculanae Disputationes* (*Diálogos em Túsculo*)

Cleomedes
    Cael. = *Caelestia* (*Os céus*)

Diógenes Laércio
    DL = Diógenes Laércio, *Vidas e doutrinas dos filósofos ilustres*

Epiteto
    Diss. = *Dissertationes* (*Diatribes*)
    Ench. = *Enchiridion* (*Encheirídion*)

Estobeu
    Anthologium, editado por Wachsmuth, C.; Hense, O. (1884-1912)

Galeno
    PHP = *De Platicis Hippocratis et Platonis* (*Doutrinas de Hipócrates e de Platão*)

Hiérocles
    El. Eth. = *Elementa Ethica* (*Elementos de ética*)

Marco Aurélio
    Med. = *Meditações*

Musônio Rufo
    Diss. = *Dissertationum a Lucio digestarum reliquiae* (*Dissertações; fragmentos menores*)

Plutarco
    Mor. = *Moralia* (*Obras morais*), duas das quais são citadas separadamente:
    Com. Not. = *De Communibus Notitiis* (*Contra a má-fama dos estoicos*)
    St. Rep. = *De Stoicorum Repugnantiis* (*Autocontradições estoicas*)

Sêneca
    Const. = *De Constantia Sapientis* (*Firmeza do sábio*)
    Ep. = *Epistulae* (*Cartas a Lucílio*)
    Ira = *De Ira* (*Ira*)
    Ot. = *De Otio* (*Ócio*)
    Prov. = *De Providentia* (*Providência divina*)

Sexto Empírico
    M = *Adversus Mathematicos* (*Contra os professores*)
    PH = *Pyrrhoniae Hypotyposes* (*Esboços pirrônicos*)

Simplício
    in Cael. = *in de Caelo* (*Comentário ao Céu de Aristóteles*)
    in Cat. = *in Categorias* (*Comentário às Categorias de Aristóteles*)
    in Phys. = *in Physica* (*Comentário à Física de Aristóteles*)

Siriano
    in Metaph. = *in Metaphysica* (*Comentário à Metafísica de Aristóteles*)

Estas duas abreviaturas foram usadas para fazer referência às duas mais úteis antologias de traduções do estoicismo:

IG: INWOOD, B.; GERSON, L. P. *Hellenistic Philosophy*: Introductory Readings. 2. ed. Indianapolis: Hackett, 1997.

LS: LONG, A. A.; SEDLEY, D. N. *The Hellenistic Philosophers*. 2 vols. Cambridge: Cambridge University Press, 1987.

Chamo a atenção para uma abreviação que foi usada nas referências.

ANRW: HAASE, W.; TEMPORINI, H. (orgs.). *Aufstieg und Niedergang der Römischen Welt*. Berlim: de Gruyter, 1972-.

CRONOLOGIA

Como é inevitável, algumas destas datas são apenas aproximações; retirei muitas delas do *Oxford Classic Dictionary*.

	ANTES DA ERA COMUM
300	Zenão de Cítio começa a ensinar na escola estoica de filosofia em Atenas.
262	Morte de Zenão: Cleantes se torna o segundo senhor da escola.
232	Crisipo se torna o terceiro senhor da escola estoica de filosofia depois da morte de Cleantes.
207/205	Crisipo morre e Zenão de Tarso assume a escola estoica de filosofia.
155	Diógenes da Babilônia (o sucessor de Zenão de Tarso) apresenta o estoicismo aos Romanos durante a famosa visita dos filósofos atenienses a Roma.
152	Antípatro de Tarso sucede Diógenes como senhor da escola estoica de filosofia.
128	Panécio de Rodes se torna senhor da escola como sucessor de Antípatro.
110	Panécio de Rodes morre e o comando da escola estoica de filosofia passa conjuntamente a Mnesarco e a Dárdano.
78	Cícero frequenta as aulas de Possidônio em Rodes.
51	Morte de Possidônio.
46	Suicídio de Catão o Jovem.
45	Cícero escreve uma série de obras filosóficas importantes, que hoje são consideradas os mais antigos registros do estoicismo que chegaram até nós.
4/1	Lúcio Aneu Sêneca nasce em Corduba (a atual Córdova) no sudeste da Espanha.

Era Comum

41	Sêneca é exilado para a Córsica por Cláudio por um suposto adultério.
49	Sêneca é chamado de volta do exílio (um período em que compôs as suas obras sobreviventes mais antigas).
50	Cornuto começa a dar aulas em Roma aproximadamente neste ano; entre seus pupilos, estão Lucano e Pérsio.
65	Sêneca comete suicídio por ordem de Nero.
66	Musônio Rufo é banido por Nero para a Ilha de Giaros.
71	O Imperador Vespasiano bane todos os filósofos de Roma, exceto Musônio Rufo.
95	O Imperador Domiciano bane todos os filósofos de Roma, até Epiteto. Epiteto se instala em Nicópolis, na Grécia ocidental.
96-116	Plutarco compõe as duas polêmicas contra os estoicos neste período.
108	Arriano frequenta e documenta as aulas de Epiteto aproximadamente neste ano.
120	Hiérocles filosofa nesta época.
130	A morte de Epiteto ocorre aproximadamente neste ano.
161	Marco Aurélio se torna imperador.
162-176	Galeno compõe Doutrinas de Hipócrates e de Platão, no qual preserva material importante de Crisipo e Possidônio quanto à psicologia.
176	Marco Aurélio funda quatro escolas de filosofia em Atenas, até uma de filosofia estoica e outra de filosofia peripatética, a qual seria ocupada por Alexandre de Afrodísias.
180	Morte de Marco Aurélio.
200	O estoicismo ainda é importante nesta época, como se pode ver pela polêmica entre Alexandre de Afrodísias e Sexto Empírico, os quais compuseram nesta época.

1
Introdução

Que é o estoicismo?

"Estoicismo" é uma palavra com a qual todos estão familiarizados. O *Dicionário Oxford de Inglês* cita "austeridade", "repressão de sentimentos" e "fortitude" como características de uma atitude estoica diante da vida. Essa imagem popular do estoicismo desenvolveu-se ao longo dos últimos quatro ou cinco séculos à medida que os leitores se depararam com descrições da filosofia estoica antiga que autores clássicos como Cícero, Sêneca e Plutarco fizeram. Embora tenha um fundo de verdade, como muitas outras concepções populares o têm, essa imagem, como se verá, está longe de mostrar toda a verdade.

Na Antiguidade, "estoicismo" denotava uma escola de filosofia fundada por Zenão de Cício cerca de 300 anos a.e.c. Os membros dessa escola se encontravam informalmente no Pórtico Pintado [*hē poikílē stoá, em grego*], uma galeria coberta, localizada no extremo norte da ágora (praça do mercado) em Atenas; e foi por se encontrarem sempre no pórtico [*stoá*] que os "estoicos" ganharam este nome. Esse foi um período de intensa atividade filosófica em Atenas; a Academia de Platão e o Liceu de Aristóteles continuavam muito influentes, enquanto o contemporâneo de Zenão, Epicuro, fundava uma escola do lado de fora dos muros da cidade. Outros filósofos, inspirados pelo exemplo de Sócrates – a essa altura, falecido havia cerca de cem anos –, também vicejavam, sobretudo os cínicos. Como os cínicos – e diferente daqueles na Academia, no Liceu e no Jardim Epicurista –, os estoicos não tinham uma propriedade formal para a sua escola, razão pela qual se reuniam em um local público no coração da cidade. Zenão atraiu um grande público e, depois de sua morte, seu aluno Cleantes continuou a tradição. O sucessor de Cleantes foi Crisipo, que tendeu a ser considerado o mais importante dos primeiros estoicos.

A tradição de ensinar no Pórtico Pintado continuou provavelmente até o século I a.e.c. Nessa época, Roma havia se tornado a força cultural e política mais importante do mundo antigo. Os romanos consideravam muitas ideias estoicas agradáveis, e o estoicismo vicejou no mundo romanizado. No século I a.e.c., Cícero apresentou ao mundo de língua latina muitos resumos importantes da filosofia estoica. Os estoicos abundavam em Roma durante o século I e.c.; de Sêneca, Lucano e Pérsio a Musônio Rufo e Epiteto. O século II e.c. testemunhou o ápice da apropriação romana do estoicismo na pessoa de Marco Aurélio, que expôs minuciosamente uma espécie própria de estoicismo em suas *Meditações*.

Como se vê, o estoicismo despertou o interesse de indivíduos de uma ampla gama de origens geográficas e meios sociais: de Diógenes da Babilônia no Leste a Sêneca no sudeste da Espanha no Oeste; do ex-escravo Epiteto ao Imperador Marco Aurélio; dos imigrantes do oriente-próximo em Atenas aos membros da corte imperial em Roma. O que atraiu um conjunto tão diversificado de admiradores?

Talvez a primeira coisa a observar é que, como a imagem popular do estoicismo capta, a filosofia estoica não é meramente uma série de afirmações filosóficas acerca da natureza do mundo ou do que se pode fazer ou do que é certo ou errado; é sobretudo uma atitude ou um modo de vida. Faz efetivamente parte do estoicismo teorias filosóficas complexas acerca da ontologia (teoria do que existe), epistemologia (teoria do conhecimento), e ética, mas essas teorias estão em uma concepção muito particular do que é a filosofia. Seguindo o exemplo de Sócrates, a filosofia que os estoicos apresentam se preocupa sobretudo com como se deve viver. Os estoicos não foram os únicos, contudo, pois os antigos epicuristas e os cínicos, entre outros, também se concentraram nisso. De que maneira o modo estoico de viver difere do modo que outras escolas antigas de filosofia propõem? A resposta está nas teorias de ontologia, epistemologia e ética, teorias que apresentam forma semelhante às propostas por filósofos modernos, pois a atitude ou modo de vida estoico baseia-se nesses fundamentos teóricos. Analisaremos, claro, os princípios centrais do sistema filosófico estoico com algum pormenor nos capítulos subsequentes, mas, em resumo, os estoicos propuseram uma ontologia materialista na qual deus permeia todo o cosmos como uma força material. Eles afirmaram que somente a virtude basta para a felicidade e que bens externos e circunstâncias são irrelevantes (ou pelo menos não tão importantes quanto a maioria das pessoas tende a presumir). Defenderam que nossas emoções são apenas produto de juízos equivocados e podem ser erradicadas por meio de uma forma de psicoterapia cognitiva. Reuniram essas várias doutrinas na imagem do sábio estoico ideal, que seria perfeitamente racional, desprovido de emoções, indiferente às suas circunstâncias e, de modo infame, feliz até mesmo ao ser torturado na roda.

Ainda que a influência do estoicismo tivesse diminuído no começo do século III e.c., o seu impacto filosófico não acabou ali. Apesar da perda de quase todos os textos fundadores dos estoicos atenienses, a corrente de pensamento continuou a influenciar os filósofos posteriores, seja por meio dos textos latinos prontamente disponíveis de Cícero e de Sêneca durante a Idade Média e o Renascimento, seja por meio de coleções dos fragmentos dos primeiros estoicos, coligidos de uma variedade ampla de autores antigos que citavam os textos hoje perdidos ou descreviam a concepção destes textos. O estoicismo se mostrou influente, sobretudo, durante os séculos XVI e XVII e foi uma de muitas de influências que contribuíram com os desenvolvimentos importantes da filosofia durante aquele período. De pensadores como Erasmo, Calvino e Montaigne a pensadores como Descartes, Pascal, Malebranche e Leibniz, todos eram muito bem versados nas ideias estoicas. Debates que, durante o período, tratassem da natureza do eu, do poder da razão humana, do destino e do livre-arbítrio, bem como das emoções, amiúde faziam referência ao estoicismo. Essa influência tardia do estoicismo continuou até os dias de hoje, e o exemplo mais impressionante dessa influência recente pode ser encontrado nas obras tardias de Michel Foucault e de suas análises do "cuidado do si" e das "tecnologias do si". Assim, o estoicismo não era somente uma das correntes de pensamento mais famosas da Antiguidade, mas também manteve uma presença constante ao longo da história da filosofia ocidental. A tarefa de deslindar o estoicismo como uma filosofia é complexa por muitas razões. A maioria dos textos iniciais se perdeu. É-se obrigado, portanto, a depender de relatos posteriores feitos por autores que amiúde são hostis para com o estoicismo e, às vezes, ainda escrevem em um clima intelectual assaz diverso. Os textos estoicos que temos são tardios e, por vezes, é difícil saber com que precisão eles refletem a ortodoxia da primeira fase do estoicismo e em que medida incorporam desenvolvimentos posteriores.

Tudo isso pode tornar a tarefa assombrosa para quem for novo no assunto. O restante deste capítulo de abertura foi concebido para os iniciantes, pois lhes apresenta as principais figuras da história do estoicismo, bem como muitos outros autores antigos que é provável que qualquer um que se aproxime do estoicismo pela primeira vez encontre. Conclui-se este capítulo com algumas reflexões acerca de por que se perderam tantos textos dos primeiros estoicos, reflexões estas que, embora especulativas, são uma maneira útil de preparar o leitor para o assunto do capítulo dois. Alguns leitores preferirão começar o capítulo dois agora e voltar à informação contextual deste capítulo sempre que se tornar necessária.

Os estoicos antigos

Zenão

Zenão, o fundador do estoicismo, nasceu no ano de 330 a.e.c. na cidade de Cítio no Chipre. De acordo com a tradição biográfica antiga, Zenão viajou para Atenas na sua juventude e, depois de sua chegada, visitou uma barraca de livros. Lá, encontrou uma cópia de Ditos e feitos memoráveis de Sócrates, escritas por Xenofonte. Enquanto examinava esse livro, Zenão perguntou ao livreiro se homens como Sócrates poderiam ser encontrados e onde o seriam. No momento exato dessa indagação, Crates, o cínico, passava por perto. O livreiro, então, aconselhou Zenão a "seguir aquele homem" (DL, 7.2-3). Dessa forma, iniciou-se a formação filosófica de Zenão com os ensinamentos dos cínicos.

Os cínicos eram famosos por defenderem uma vida em harmonia com a natureza ao invés de uma vida moldada pelos costumes e convenções locais. Sustentavam que tudo o que está em consonância com a natureza é necessário, enquanto as coisas conforme a convenção são apenas arbitrárias. O cinismo argumenta que se deve concentrar toda a atenção em lograr aquelas coisas necessárias que estão em conformidade com a natureza (alimento, água, abrigo básico e vestuário) e não prestar nenhuma atenção às regras, regulamentos e pressupostos desnecessários e arbitrários da cultura particular na qual se esteja. Conforme se verá no decorrer do livro, a ideia de "viver em harmonia com a natureza" foi um conceito cínico que os estoicos adotaram e desenvolveram.

Zenão, contudo, não tinha o menor desejo de se tornar um cínico ortodoxo e tinha muito interesse em examinar outras discussões filosóficas que ocorriam na Atenas da época. Relata-se que estudou com o filósofo Polêmon, o então senhor da Academia de Platão, com quem Zenão sem dúvida teve a oportunidade de estudar a filosofia de Platão minuciosamente. Também se diz que ele estudou com Estilpo, filósofo megárico famoso por suas contribuições para com a lógica e que, no campo da ética, era favorável para com os cínicos. A mistura que Estilpo fez da ética cínica com a lógica megárica preparou o caminho para uma mistura parecida, feita por Zenão, que mais tarde se tornaria o estoicismo.

Depois dessa educação filosófica longa e diversificada, o próprio Zenão passou a dar aulas em 300 a.e.c. Em vez de tentar abrir uma escola formalmente, Zenão se encontraria com quem quisesse ouvi-lo em uma das galerias cobertas – também conhecidas como pórticos – que cercavam a Ágora ateniense. Seu lugar preferido era o Pórtico Pintado no lado norte da Ágora. Enquanto os seus seguidores eram por vezes conhecidos por "zenonianos", eles logo passaram a ser conhecidos como aqueles que se encontram no Pórtico [*stoá*, em grego] Pintado: "estoicos".

É comum que acadêmicos analisem o que se sabe dos ensinamentos de Zenão pela comparação destes com o que se sabe das doutrinas de seus diversos professores. Ainda que esse tipo de análise seja útil, ele por vezes tem a consequência infeliz de retratar Zenão como uma toutinegra intelectual, que cata ideias aqui e ali sem nenhuma contribuição criativa própria. Enquanto Zenão foi sem dúvida influenciado pelos vários professores com os quais estudou, não se deve desconsiderar as suas próprias contribuições filosóficas à fundação do estoicismo, tampouco limitá-las à mera síntese criativa das doutrinas de outrem. É difícil aferir a contribuição de Zenão apenas com os fragmentos que restaram de suas obras, mas, com base nos fatos históricos que sobreviveram, parece claro que as bases das doutrinas centrais do estoicismo acerca da lógica, da física e da ética foram efetivamente estabelecidas pelo próprio fundador do estoicismo.

A obra mais importante de Zenão, dentre os seus trabalhos conhecidos, é a sua *República*. Esta obra de utopia política foi muito controversa na Antiguidade, seja entre os críticos hostis, seja entre os defensores estoicos posteriores. Os fragmentos que sobreviveram mostram que a obra defendia a abolição dos tribunais de justiça, do dinheiro, do casamento e da educação tradicional. Dizem que esse texto é uma obra inicial de Zenão, escrita quando ele ainda estava sob a influência de seu mentor cínico, Crates (DL, 7.4). No entanto, essa afirmação pode ter sido uma manobra de defensores estoicos posteriores, feita sob medida para distanciar o Zenão maduro do conteúdo escandaloso da *República* (examinar-se-á a *República* de Zenão de modo mais pormenorizado no capítulo cinco). Os títulos de outras obras conhecidas de Zenão refletem temas centrais da filosofia estoica, tais como *Vida segundo a natureza* e *Emoções* (DL, 7.4).

Alguns pupilos de Zenão eram Perseu, Hérilos, Dionísio, Esfero, Aristo e Cleantes. Os dois últimos foram os mais importantes.

Aristo

O pupilo de Zenão, Aristo de Quio, concentrou-se na ética e não prestou atenção à lógica ou à física (cf. DL, 7.160). Aristo é talvez mais conhecido por ser contra a adição, à ética estoica, do conceito de que alguns objetos externos, conhecidos como "indiferentes", possam ser preferíveis a outros; por exemplo, que a riqueza possa ser preferível à pobreza, ainda que ambas sejam em rigor "indiferentes" (cf. o capítulo cinco quanto a isso). Assim, ele queria manter-se fiel a uma concepção mais severa e cínica, concepção esta que pode ser ligada a Sócrates (cf. Long, 1988). Em última análise, ele perdeu o debate, e os conceitos de indiferente "preferível" e "não preferível" se tornaram parte integrante da ética estoica. Isso sem dúvida contribuiu para com a ampla atratividade do estoicismo, sobretudo mais tarde, quando foi apresentado ao público romano, de modo que a derrota de Aristo foi boa para o estoicismo. A sua posição heterodoxa e intransigente, contudo, foi bem recebida pelo público mais amplo de sua época, e relata-se que as suas aulas eram apreciadas em massa (DL, 7.161).

Cleantes

Cleantes, assim como Zenão antes dele e muitos estoicos posteriores, veio do Oriente para Atenas, de Assos na Turquia, no caso específico de Cleantes. Estudou com Zenão e o sucedeu como senhor da escola, por volta de 263 a.e.c. A principal razão de sua fama é ser o autor do mais antigo texto estoico prolongado que sobreviveu (embora não seja muito longo). Este é o *Hino a Zeus* e está preservado em uma antologia de material compilada séculos depois por João Estobeu. O *Hino* tem o tom incontestavelmente religioso (como sugeriria o título), de modo que não se encaixou bem nos outros conhecimentos que se tem da física dos estoicos antigos. Não à toa, Diógenes Laércio relata que Cleantes tinha pouco talento para a física (DL, 7.170), apesar de se relatar que ele escreveu dois volumes acerca da física de Zenão e quatro volumes acerca de Heráclito. Estudos tradicionais da física estoica amiúde citam Heráclito como uma influência formativa, e pode ter sido por meio do trabalho de Cleantes acerca de Heráclito que este marcou o desenvolvimento da doutrina estoica.

Crisipo

O terceiro senhor do Pórtico em Atenas, depois de Zenão e de Cleantes, foi Crisipo, de Solos, uma cidade na Cilícia, na Ásia Menor. Ele sucedeu Cleantes como senhor da escola em 232 a.e.c. e morreu com a idade de 73 anos, aproximadamente em 205 a.e.c. A importância de Crisipo para o desenvolvimento da filosofia estoica é sintetizada em uma frase muito citada de Diógenes Laércio: "Sem Crisipo, não existiria a escola estoica" (DL, 7.183). Ele foi importante para a preservação do estoicismo sobretudo por suas respostas aos ataques de filósofos acadêmicos, tais como Arcesilau (Gould, 1970, p. 9). Ele é provavelmente o mais importante dos estoicos antigos e, possivelmente, o filósofo estoico mais importante de todos. Sua contribuição mais substancial para o desenvolvimento do estoicismo foi articular as ideias de seus predecessores, acrescentar material próprio a tais ideias e excogitar um sistema filosófico assaz sistemático que se tornaria a base de uma ortodoxia estoica. É somente em razão da obra de Crisipo, por exemplo, que se pode considerar Aristo um estoico heterodoxo; antes de Crisipo, as questões não tinham resposta paradigmáticas.

Ele provavelmente foi mais famoso na Antiguidade por suas habilidades como lógico, mas também era benquisto por suas habilidades em todas as áreas da filosofia. Dizem que escreveu cerca de 705 livros e que há um catálogo considerável de títulos de suas obras. Tudo o que restou de seus escritos, contudo, são fragmentos que autores posteriores citaram, sobretudo Plutarco e Galeno, os quais escreveram obras em que criticavam Crisipo. Hoje, há mais fragmentos sobreviventes, descobertos entre os rolos de papiros que foram desenterrados na cidade antiga de Herculano, tais como partes das obras *Providência* e *Questões lógicas*. É concebível que haja outras obras de Crisipo entre os rolos queimados que foram encontrados e que ainda estão por decifrar (cf. Gigante, 1995, p. 3).

O próximo senhor do Pórtico, depois de Crisipo, foi Zenão de Tarso. O sucessor deste foi Diógenes da Babilônia. Diógenes foi um dos três filósofos atenienses que compuseram uma delegação enviada a Roma em 155 a.e.c., um evento importante na apresentação da filosofia grega ao mundo romano.

OS ESTOICOS INTERMEDIÁRIOS

As pessoas que foram apresentadas até agora são conhecidas tradicionalmente como estoicos "antigos". Depois dos estoicos "antigos" vêm os estoicos "intermediários". Ainda que a validade dessa distinção tenha sido questionada por alguns estudiosos, os quais teriam o direito de a contestarem (cf. Sedley, 2003), ela está razoavelmente bem estabelecida. Uma das supostas características do estoicismo intermediário que o distingue do anterior um ecletismo crescente, de modo que os estoicos intermediários se utilizavam de material de outras escolas de filosofia da Antiguidade. Diante dessas pessoas, então, é preciso perguntar em que medida um filósofo poderia divergir dos ensinamentos do estoicismo antigo e recorrer a outras tradições filosóficas em alguns tópicos enquanto permanece um estoico em algum sentido importante.

Talvez o primeiro estoico posterior a Crisipo a quem a questão da ortodoxia se aplica é Antípatro de Tarso, que sucedeu Diógenes da Babilônia como senhor da escola. Antípatro tentou enfatizar a base comum que existiria entre o estoicismo e o platonismo. Mas a questão do ecletismo e da ortodoxia toma o primeiro plano quando se olha para um pupilo de Antípatro, a saber, Panécio de Rodes.

Panécio

Panécio nasceu em Rodes em por volta de 185 a.e.c. Ele estudou primeiro em Pérgamo, depois em Atenas, sob a orientação dos estoicos Diógenes da Babilônia e Antípatro de Tarso. Depois, passou um tempo em Roma, mais especificamente no círculo de pessoas que andavam com o famoso general romano Cipião Africano. Ele se tornou senhor da escola estoica em 128 a.e.c., quando substituiu Antípatro. Ele morreu por volta de 110 a.e.c. A relevância posterior de Panécio se deve em grande parte à sua influência em Cícero, que se inspirou em grande medida no livro hoje perdido de Panécio *Atos adequados* (*Peri Kathēkonta*) para escrever seu livro assaz influente *Deveres* (*De Officiis*).

Conta-se que Panécio admirava Platão e Aristóteles. Embora ele se mantivesse fiel a boa parte da doutrina estoica (o suficiente para permanecer o senhor do Pórtico), havia alguns pontos em que ele se desviava. Ele rejeitou a doutrina estoica da destruição periódica do mundo e defendeu o oposto, isto é, a eternidade do mundo (cf. DL, 7.142). Também se dizia que ele atenuou um pouco a ética estoica porque negou que a virtude era suficiente por si só para trazer a felicidade (e sugeriu que bens materiais também eram necessários; cf. DL, 7.128), e por tirar a atenção do ideal do sábio a pôr na pessoa comum (cf., p. ex., Sêneca, *Ep.*, 116.5).

Apesar de sua heterodoxia nesses assuntos e de sua admiração pública por Platão, ele continuou fiel ao estoicismo na negação da doutrina platônica da imortalidade da alma (cf. Cícero, *Tusc.*, 1.79). Também se deve mencionar que a as opiniões heterodoxas de Panécio já haviam sido adotadas por alguns de seus predecessores estoicos; Diógenes da Babilônia, por exemplo, já rejeitara a destruição periódica do mundo, de modo que, nesta rejeição, Panécio apenas seguia a liderança de um de seus professores estoicos.

Possidônio

Possidônio nasceu em Apameia na Síria por volta de 135 a.e.c. Estudou em Atenas com Panécio (quando Panécio morreu em 110 a.e.c., Possidônio teria cerca de 25 anos). Em vez de continuar em Atenas, ele se mudou para Rodes, onde ensinou filosofia. A razão da mudança seria porque o comando da escola estoica em Atenas passou conjuntamente para Mnesarco e a Dárdano depois da morte de Panécio. Enquanto morava em Rodes, Possidônio fez diversas viagens Mediterrâneo afora, durante as quais coligiu observações científicas e culturais muito no espírito de Aristóteles. Seu pupilo mais famoso provavelmente foi Cícero. Possidônio morreu por volta de 51 a.e.c., aos 80 anos. Possidônio era acima de tudo um polímata que contribuiu não somente com a filosofia estoica, mas também com a história, a geografia, a astronomia, a meteorologia, a biologia e a antropologia.

Alega-se tradicionalmente que a divergência mais famosa e mais visível de Possidônio em relação à ortodoxia estoica foi na psicologia. Conforme o testemunho de Galeno, enquanto estoicos antigos como Crisipo adotaram uma psicologia monística, na qual razão e emoção não foram separadas em faculdades distintas, Possidônio seguiu Platão ao propor uma psicologia tripartida, segundo a qual a alma estava dividida nas faculdades da razão, da emoção e do desejo. Galeno tinha muito prazer em enfatizar essa contradição da tradição estoica em seu tratado *Doutrinas de Hipócrates e de Platão*.

Panécio e Possidônio divergiam de algumas doutrinas dos estoicos antigos, mas essa divergência não deve ser vista necessariamente como defeito. Se eles tivessem aceitado acriticamente tudo que se ensinava no Pórtico anteriormente, então seriam discípulos religiosos, e não filósofos. Parece-me claro que Cleantes e Crisipo também não seguiam Zenão acriticamente, e sim que expandiram e desenvolveram as bases que Zenão estabeleceu de maneiras que refletissem as tendências filosóficas dos dois, de modo que cada um fez uma contribuição própria e individual para o desenvolvimento da filosofia estoica. Quem se tornou estoico depois de Crisipo, encontrou uma filosofia sistemática e bem desenvolvida. Se se supuser que esses estoicos posteriores a Crisipo eram filósofos efetivos em vez de devotos de cada palavra de Crisipo, então é claro que se deve esperar que divirjam em algum grau das doutrinas de Crisipo.

Caso Panécio e Possidônio mereçam em algum grau o título de "filósofo", então se esperaria que chegassem às próprias conclusões filosóficas e que discordassem dos estoicos anteriores de tempos em tempos. Não há nenhuma incoerência em fazer isso ao mesmo tempo em que se sustenta que a filosofia estoica é a corrente filosófica com que se tem mais afinidade. Aliás, se isso não fosse verdade, toda a noção de escola filosófica ou de tradição filosófica correria o risco de se tornar um paradoxo.

Deve-se ter em mente que, embora tanto Panécio quanto Possidônio demonstrem admiração por Platão e por Aristóteles, essa admiração poderia resultar menos de seu ecletismo pessoal e mais do clima de constante transformação filosófica de sua época. Ainda que os estoicos antigos talvez tivessem muito interesse em asserir a sua independência filosófica em relação a Platão, é possível que, no final do século dois a.e.c., Platão seja visto como uma fonte em que o estoicismo se nutriu para se desenvolver, e não como um adversário. Neste período, também ocorreu uma renovação do interesse pela filosofia de Aristóteles; cada vez mais se via Aristóteles como um filósofo de envergadura superior em vez de meramente o senhor de uma escola de pensamento concorrente. Em razão dessa envergadura, todo aspirante a filósofo deveria apreciar o pensamento de Aristóteles.

Os estoicos tardios

O estoicismo dos dois primeiros séculos da Era Comum tem um caráter assaz diferente do estoicismo dos três primeiros séculos anteriores à Era Comum. A razão disso é simplesmente que, no caso dos estoicos do período tardio, há textos completos que se pode ler em vez de se ter de depender de citações preservadas por outros autores, os quais são amiúde hostis ao estoicismo, nem ter de depender de relatos indiretos de suas ideias. Houve debates entre estudiosos acerca da medida em que a filosofia estoica se desenvolveu nesse período. Segundo a visão tradicional, os estoicos tardios perderam o interesse em assuntos técnicos como a lógica e a física, e concentraram toda a sua atenção na ética prática. Essa impressão, contudo, pode ser mero reflexo dos textos que chegaram ao nosso tempo em vez de refletir alguma mudança nas preocupações filosóficas dos autores daquela época. Os estoicos tardios mais famosos são Sêneca, Epiteto e Marco Aurélio, mas consideraremos figuras menores, tais como Cornuto e Musônio Rufo, bem como Hiérocles e Cleomedes.

Sêneca

Sêneca é o primeiro estoico cujos textos sobreviveram maciçamente; de fato, a coleção de textos de Sêneca que sobreviveram é a maior entre todos os estoicos. Quando termos em mente que a segunda maior coleção de textos sobreviventes, os de Epiteto, foi provavelmente escrita por Arriano e que as *Meditações* de Marco Aurélio têm um caráter peculiar que as tornam um tipo de texto radicalmente diferente, então as obras filosóficas de Sêneca adquirem ainda mais importância. Se se quisesse ler um autor estoico diretamente, dever-se-ia recorrer a Sêneca, pois ele é incontestavelmente o autor estoico mais importante, cujas obras sobreviveram.

A reputação de Sêneca infelizmente foi prejudicada. Por um lado, ele foi acusado, ao longo da história, de hipocrisia, acusação esta que resultou da aparente incongruência entre os seus preceitos morais elevados e alguns pormenores de sua vida (inclusive o seu papel como tutor do imperador tirânico Nero). Por outro lado, seus escritos de filosofia moral foram deixados de lado no estudo da filosofia antiga (embora isso mude agora) por não alcançarem a mesma envergadura de rigor teórico que é encontrada em Platão e em Aristóteles. Ele também foi acusado de ecletismo (cf. Rist, 1989) de uma maneira que implicasse que ele pode não ser nem sequer uma boa fonte de informação acerca do estoicismo ortodoxo. Seria, contudo, um erro julgar Sêneca tão somente sob a ótica de sua fidelidade aos ensinamentos estoicos. Deve-se ter em mente também que historicamente Sêneca foi uma fonte crucial de estoicismo para gerações posteriores de leitores e, por conseguinte, foi uma figura central na moldagem da imagem do estoicismo no Ocidente. Em parte, isso se deveu à existência de uma série de cartas entre Sêneca e São Paulo que eram consideradas genuínas (embora hoje sejam desconsideradas como fraude), de modo que os pais da Igreja, os leitores medievais e os humanistas do Renascimento, todos tratavam Sêneca como um filósofo pagão cujas obras eram favoráveis ao cristianismo – ou, pelo menos, não o criticavam.

Os textos de Sêneca que sobreviveram incluem uma série importante de cartas que tratavam de inúmeros assuntos filosóficos, as *Cartas a Lucílio* (*Epistulae Morales*), bem como uma série de *Diálogos* (*Dialogi*). Os diálogos estão mais para ensaios em sua forma literária. Os nomes dos diálogos são: *Providência divina* (*De Providentia*), *Constância do sábio* (*De Constantia Sapientis*), *Ira* (*De Ira*), *Consolação a Márcia* (*Consolatio ad Marciam*), *Vida feliz* (*De Vita Beata*), *Ócio* (*De Otio*), *Tranquilidade da alma* (*De Tranquillitate Animi*), *Brevidade da vida* (*De Brevitate Vitae*), *Consolação a Políbio* (*Consolatio ad Polybium*) e *Consolação a minha mãe Hélvia* (*Consolatio ad Helviam Matrem*). Para além destes, há ainda duas obras em prosa que tratam de temas éticos no contexto da liderança política, a saber, *Benefícios* (*De Beneficiis*) e *Clemência* (*De Clementia*). Sobreviveu, também, um estudo de questões da física e da meteorologia, o *Questões naturais* (*Naturales Quaestiones*).

Para além dessas obras em prosa, Sêneca escreveu uma série de tragédias cujo conteúdo, segundo alguns, reflete a filosofia do autor (cf. Rosenmeyer, 1989) e que se provaram muito influentes na literatura posterior. Ele compôs, ademais, uma sátira da deificação do Imperador Cláudio, intitulada *Abobrificação do divo Cláudio* (*Apocolocyntosis*).

Cornuto

Lúcio Aneu Cornuto teve alguma ligação com Sêneca, tendo possivelmente sido, em algum momento, seu escravo ou da sua família. Nascido por volta do ano 20 e.c., começou a ensinar filosofia e retórica em Roma por volta do ano 50 e.c. Entre seus discípulos estavam os famosos poetas Lucano, sobrinho de Sêneca, e Pérsio, cujas *Sátiras* se diz que o próprio Cornuto editou quando seu pupilo morreu. Como muitos dos estoicos romanos daquela época, ele foi exilado em certo ponto, e não está claro se algum dia pôde retornar a Roma.

Cornuto é mais conhecido atualmente como autor da *Introdução à teologia grega* (*Theologiae Graecae Compendium*), uma explanação alegórica da mitologia grega tradicional. Ele também produziu uma obra (hoje perdida) que trata da lógica de Aristóteles e de sua interpretação por um estoico anterior chamado Atenodoro.

Musônio Rufo

Musônio Rufo era etrusco e provavelmente nasceu pouco antes do ano 30 e.c. Como membro da ordem equestre, tinha elevada posição social, e sua vida como professor de filosofia estoica durante um período político volátil foi marcada por banimentos e exílios em várias ocasiões. Nero o exilou para a Síria por dois anos e, depois de seu retorno, foi posteriormente banido para uma ilha isolada. Quando Vespasiano baniu os filósofos de Roma em 71 e.c., Musônio não foi forçado a sair, mas foi exilado pelo mesmo imperador em data posterior por razão desconhecida. Quando estava em Roma, ensinava filosofia, e foi ali que Epiteto deve ter assistido às suas aulas. Embora não tenhamos uma data precisa para sua morte, pensa-se que ele tenha falecido antes do ano 100 e.c. Materiais que tratem de sua vida encontram-se nas obras de Tácito e Filóstrato.

As provas bibliográficas relativas a Musônio dividem-se em dois grupos: primeiro, uma série de aulas preservadas por Estobeu, que provavelmente são anotações feitas com base em aulas dadas por um de seus alunos (chamado Lúcio); em segundo lugar, uma coleção de breves anedotas e ditos recolhidos das obras de Estobeu, Epiteto, Aulo Gélio e outros. Parece que todos esses testemunhos derivam do ensino oral de Musônio, em vez de quaisquer obras formais escritas que ele tenha escolhido publicar. Como Sócrates antes dele e Epiteto depois, parece que Musônio decidiu não escrever.

Embora haja alguns tópicos filosóficos interessantes desenvolvidos nos textos relativamente curtos que sobrevivem, incluindo uma discussão importante da igualdade de gênero, a real significância de Musônio reside em seu papel como professor. Seu discípulo mais famoso é Epiteto e, sem mais informações acerca de Musônio, é difícil precisar em que medida a influência das ideias e métodos de Musônio moldou a filosofia de Epiteto. Além de Epiteto, os discípulos de Musônio incluíam o orador Dião Crisóstomo e o estoico Eufrates de Tiro. Sua reputação era considerável na Antiguidade, e estudiosos modernos o denominaram o "Sócrates romano". Sua condição como um sábio estoico (embora talvez não no sentido técnico) combinada à sua influência como professor de Epiteto, Eufrates, Dião e outros levou alguns a sugerir que sua importância foi tão grande que ele deveria ser tratado como o terceiro fundador do Estoicismo, depois de Zenão e de Crisipo (Arnold, 1911, p. 117). Os conteúdos dos escassos restos bibliográficos que sobrevivem podem levar alguns a duvidar de tal afirmação grandiosa, mas, não obstante, é claro que Musônio gozava de alta reputação na Antiguidade por sua sabedoria. Por meio de sua influência em Epiteto e a influência deste último em Marco Aurélio, Musônio efetivamente está no início de uma nova dinastia estoica que moldou a tradição estoica nos primeiros dois séculos e.c.

Epiteto

O mais importante filósofo estoico a surgir após Musônio é, sem dúvida, Epiteto. Nascido por volta do ano 50 e.c. na Ásia Menor, começou a vida como escravo e entrou ao serviço de um romano de alta patente, Epafrodito, secretário dos imperadores Nero e Domiciano. É provável que Epiteto tenha estado no centro de Roma e tenha tido alguma experiência da corte imperial. Enquanto escravo em Roma, foi-lhe permitido assistir às aulas de Musônio Rufo, e, mais tarde, conseguiu a liberdade. Parece razoável supor que Epiteto tenha começado sua própria carreira de ensino em Roma, talvez como protegido de Musônio. No entanto, não permaneceu em Roma por muito tempo; em 95 e.c., Domiciano baniu todos os filósofos da Itália, uma perseguição dentre tantas outras em um reinado mais amplo de perseguição de seus críticos. Como Musônio antes dele, Epiteto foi forçado a fugir. Mudou-se para Nicópolis, na costa ocidental da Grécia, e foi ali que estabeleceu a escola em que presumidamente proferiu as aulas que chegaram até nós. Morreu por volta do ano 130 e.c. Parece que muitas figuras importantes, incluindo o Imperador Adriano, o visitaram em Nicópolis, provavelmente devido à sua crescente reputação (existe um diálogo entre Epiteto e Adriano que, infelizmente, é sem dúvida espúrio).

Chegaram até nós dois textos associados a Epiteto: as *Diatribes* (*Dissertationes*) e o *Encheirídion* (*Enchiridion*). Uma coisa que se destaca imediatamente nessas obras é a admiração de Epiteto por Sócrates, o modelo filosófico supremo. E, como Sócrates, tanto quanto sabemos, Epiteto não escreveu nada para publicação mais ampla. Assim, os textos que temos não são de autoria de Epiteto (embora haja algum desacordo acadêmico; veja-se Dobbin, 1998, p. xx-xxiii), mas geralmente são considerados relatos das aulas de

Epiteto feitos por um de seus alunos. O aluno em questão é Arriano, também conhecido por sua história das campanhas de Alexandre o Grande. Em uma carta prefacial às *Diatribes*, Arriano afirma que o que escreveu é, na medida de sua habilidade e de sua memória, um registro palavra por palavra do que ouviu na sala de aula de Epiteto. Por isso, ele se desculpa pelo estilo um tanto áspero. De fato, as *Diatribes* diferem em estilo das outras obras de Arriano, escritas em uma linguagem menos literária e mais comum (o grego *koiné* ou "comum" do Novo Testamento). Embora não tenhamos motivos para duvidar da sinceridade de Arriano quanto a esse ponto, é claro que o que ele preservou para nós é apenas um registro parcial e subjetivo tanto do que Epiteto realmente pensava quanto do que ocorria em suas aulas.

Atualmente, existem quatro livros das *Diatribes*. Fontes antigas posteriores mencionam obras de Epiteto compostas de oito e de doze livros, e Aulo Gélio preserva um fragmento do Livro 5 das *Diatribes*, de modo que, sem dúvida, o que temos não é nem sequer todo o registro inevitavelmente subjetivo de Arriano. O *Encheirídion* também foi compilado por Arriano, segundo o testemunho do neoplatônico Simplício em seu comentário acerca do *Encheirídion*. Efetivamente, é uma síntese das *Diatribes*, uma destilação de seus temas-chave. Aqui, o juízo e a seleção de Arriano são obviamente centrais na formação do caráter e do conteúdo da obra (considere os resultados dramaticamente diferentes que poderiam ser produzidos se várias pessoas fossem convidadas a selecionar passagens-chave da *Ética a Nicômaco* de Aristóteles). No entanto, o resultado é um poderoso resumo da filosofia prática estoica, e o capítulo de abertura capta perfeitamente a essência da filosofia de Epiteto, tal como a conhecemos:

Das coisas existentes, algumas são encargos nossos, outras não. São encargos nossos o juízo, o impulso, o desejo, a repulsa – em suma: tudo quanto seja ação nossa. Não são encargos nossos o corpo, as posses, a reputação, os cargos públicos – em suma: tudo quanto não seja ação nossa (*Ench.*, 1.1).

A chave para a felicidade, sugere Epiteto, consiste em analisar continuamente nossa experiência do mundo sob a ótica dessa divisão entre o que "são encargos nossos" (*eph' hēmin*) e o que "não são encargos nossos" (*ouk eph' hēmin*). Quase toda a miséria humana, argumenta ele, é produto do não entendimento das pessoas da natureza e da importância dessa divisão, da suposição de que têm controle de coisas que, de fato, não têm, de fundamentar sua felicidade em coisas externas que "não são encargos delas", tornando-a assim altamente vulnerável às vicissitudes da fortuna. Em vez disso, deveríamos fundamentar nossa felicidade nas coisas que "são encargos nossos", nas coisas que nunca nos podem ser tiradas. Se fizermos isso, nossa felicidade será literalmente invulnerável.

Marco Aurélio

O imperador romano Marco Aurélio (121-180 e.c.) foi um estudioso diligente de filosofia. Com um de seus professores, pegou uma cópia das *Diatribes* de Epiteto, pelas quais foi influenciado e das quais se tornou um admirador. Portanto, pode-se considerá-lo inserido na tradição fundada por Musônio. Contudo, Marco Aurélio não poderia ser mais diferente tanto de Musônio quanto de Epiteto.

O imperador obviamente não era um professor profissional de filosofia nem um sábio em tempo integral no mercado. No entanto, nos textos que chegaram até nós sob o título *Meditações* (uma convenção do inglês; o título grego que nos chegou traduz-se como *Para si mes-*

mo), encontramos alguém que claramente passou muito tempo em especulação filosófica. Marco trata de uma variedade de temas de maneira não técnica em textos que não foram concebidos para ampla circulação, ao contrário do que geralmente se supõe, mas talvez escritos com alguma atenção à posteridade futura. Talvez o tema dominante seja a relação entre o indivíduo e o cosmos. Eis apenas um exemplo:

> Na vida humana, o tempo é um instante, a existência é um fluxo, a percepção é obscura, a composição do corpo como um todo está sujeita à decadência, a mente é um redemoinho, a felicidade é imprevisível, a fama é indecifrável. Em poucas palavras: tudo que pertence ao corpo é um rio, e tudo que pertence à alma é um sonho e uma ilusão; a vida é uma guerra e uma breve estadia em terra estrangeira, e a fama após a morte é esquecimento (*Med.* 2.17).

Há muitos outros trechos semelhantes a este nas *Meditações* e, para alguns leitores, eles podem parecer excessivamente repetitivos. Mas isso, em parte, talvez reflita o papel das *Meditações* como um caderno filosófico no qual Marco Aurélio trabalha ideias consigo mesmo e revisita os mesmos tópicos repetidamente a fim de se ajudar a assimilar as ideias das quais trata.

Hiérocles e Cleomedes

As obras de Sêneca, Epiteto e Marco Aurélio estão em ampla circulação desde o Renascimento (e Sêneca era relativamente bem conhecido no Ocidente até mesmo antes, durante a Idade Média). Pesquisas recentes também lançaram luz nos textos de dois autores estoicos menos conhecidos da época tardia, Hiérocles e Cleomedes.

Pouco se sabe de Hiérocles. Aulo Gélio o menciona e alguns textos atribuídos a Hiérocles sobrevivem na antologia de Estobeu. Ele viveu provavelmente no segundo século da Era Comum. Ele é importante, contudo, como o autor de uma obra intitulada *Elementos de ética* (*Elementa Ethica*), descoberta em um papiro encontrado no Egito, e publicada pela primeira vez em 1906. Este texto oferece um registro muito interessante e muito valioso da fundamentação da ética estoica. Também é importante por ter sido escrito na forma de um tratado, ao contrário das famosas obras morais de Sêneca ou de Epiteto, de modo que permite, assim, uma visão do que poderiam ter sido os inúmeros outros tratados estoicos perdidos. É "o mais próximo que temos de um texto ou série de aulas do estoicismo convencional por um filósofo estoico, sem contaminação" (Long, 1993, p. 94).

Sabe-se ainda menos de Cleomedes, autor de um texto estoico cosmológico intitulado *Os céus* (*Caelestia*). Esse texto sobreviveu à Antiguidade e foi transmitido por meio de manuscritos, mas, infelizmente, nenhuma outra informação acerca de Cleomedes sobrevive em nenhuma outra fonte antiga. Geralmente se pensa que ele viveu no primeiro ou no segundo século e.c., embora não haja provas concretas, e ele pudesse ter vivido mais tarde. Seu tratado lida com astronomia e cosmologia (seu caráter científico pode ajudar a explicar sua sobrevivência) e mostra a influência de Possidônio. Junto com a obra *Questões naturais* de Sêneca, é um exemplo raro de um texto estoico existente que trata de tópicos físicos. Sua existência também contraria a suposição tradicional de que os estoicos nos primeiros séculos e.c. estavam preocupados exclusivamente com questões éticas.

Pesquisas recentes acerca de Hiérocles e de Cleomedes contribuíram muito para modificar a visão tradicional do "estoicismo tardio". Nessa visão, o moralismo popular de Sêneca, Musônio e Epiteto, bem como os delírios sem fim que Marco Aurélio escreveu em cadernos de anotações, meramente ilustravam uma escola em declínio, já não mais interessada nas questões sérias de lógica e de física, sem inovação, sem plena consciência da teoria estoica ortodoxa e conformada com buscar inspiração em outras escolas de maneira não sistemática. Os tratados de Hiérocles e de Cleomedes nos oferecem uma visão de uma tradição escolar contínua que prestou séria atenção à teoria ética e física estoica. Além disso, pesquisas recentes acerca de Epiteto chamaram atenção para seu interesse em lógica e outros aspectos do currículo estoico tradicional (cf. Barnes, p. 1997). Os estudiosos estão cada vez mais sensíveis à natureza parcial de nossas informações acerca de Musônio e de Epiteto, que muito provavelmente também se envolveram em discussões teóricas mais profundas em sala de aula, que abrangiam todo o currículo estoico. Sabemos, pelos testemunhos de Plutarco e de Galeno, assim como pelo próprio Epiteto, que os tratados de Crisipo permaneceram em circulação e foram lidos ao longo dos séculos I e II e.c. Ao ler os "moralistas" estoicos tardios, então, não devemos lê-los como obras isoladas, mas sim examiná-los dentro do contexto do sistema filosófico complexo dos estoicos antigos, os quais devemos pressupor que estoicos tardios leram.

Outras fontes

Embora esses textos estoicos tardios sejam fontes valiosas para saber mais da filosofia estoica, para obter informações acerca das ideias dos estoicos antigos, é necessário recorrer a relatos e citações em outros autores, autores que amiúde eram hostis ao Estoicismo. Quem estuda a filosofia estoica inevitavelmente se deparará com obras (ou passagens extraídas de obras) dos seguintes autores antigos. É importante conhecer algo desses autores e de suas próprias tendências filosóficas para considerar o que dizem dos estoicos em contexto.

Cícero

Os primeiros estudos da filosofia estoica que sobrevivem são os de Cícero, datados do primeiro século a.e.c. (e, portanto, anteriores a Sêneca). Marco Túlio Cícero (106-43 a.e.c.) foi um estadista romano de família aristocrata. Como tal, foi educado desde cedo na retórica e na filosofia gregas. Ele estudou em Atenas e Rodes, frequentando as aulas de Possidônio. Autor extraordinário, produziu um grande número de orações, cartas e obras retóricas, para além de um importante conjunto de obras filosóficas.

Entre suas obras filosóficas, as que contêm estudos valiosos das ideias estoicas são: *Assuntos acadêmicos* (*Academica*), *A adivinhação* (*De Divinatione*), *Deveres* (*De Officiis*), *As últimas fronteiras do bem e do mal* (*De Finibus Bonorum et Malorum*), *Destino* (*De Fato*), *A natureza dos deuses* (*De Natura Deorum*), *Paradoxos dos estoicos* (*Paradoxa Stoicorum*) e *Diálogos em Túsculo* (*Tusculanae Disputationes*). O incrível é que muitas dessas obras foram escritas em apenas um ano, no final da vida de Cícero, entre 45 e 44 antes da Era Comum. Juntas, elas constituem uma das fontes mais antigas e importantes para a filosofia estoica.

Os estudiosos do século XIX amiúde menosprezaram Cícero como filósofo, por isso pilharam as obras dele em busca de fragmentos de pensadores gregos anteriores e tinham pouca consideração pelo próprio Cícero. Contudo, ele conhecia pessoalmente os melhores filósofos de sua época e não resta dúvida de que tinha uma mente filosófica capaz. Suas obras filosóficas, mesmo quando tratadas primariamente como fontes de informação acerca do estoicismo, merecem ser lidas como ensaios bem elaborados e sistemáticos, em vez de meros compêndios das opiniões de outras pessoas.

A corrente filosófica de Cícero era sobretudo acadêmica (isto é, cética), mas ele também era um pouco eclético. Embora ele certa-

45

mente rejeitasse a epistemologia estoica, ele endossa a ética estoica em alguns escritos, ou no mínimo admira o ideal ético do estoicismo. Sem ser estoico, Cícero foi um espectador favorável à filosofia estoica e bem-informado acerca dela.

Plutarco

Plutarco de Queroneia (c. 50-120 e.c.), famoso por seu livro *Vidas paralelas*, uma coleção de biografias de gregos e de romanos eminentes, também produziu um conjunto substancial de obras filosóficas, agora reunidas sob o título coletivo *Obras morais*. Plutarco era um platônico e, em comparação com Cícero, muito hostil aos estoicos. Ao longo das *Obras morais*, os estoicos são mencionados com alguma regularidade, mas em duas obras em particular Plutarco concentra toda a sua atenção no estoicismo. Estas são *Contradições estoicas* (*De Stoicorum Repugnantiis*) e *Contra os estoicos acerca das "noções comuns"* (*De Communibus Notitiis Adversus Stoicos*). Nesses dois ensaios, Plutarco dedica seus esforços a mostrar os problemas e as contradições inerentes à filosofia estoica e, para alcançar esse objetivo, cita extensivamente estoicos antigos, sobretudo Crisipo. Por conseguinte, Plutarco tornou-se ironicamente um dos mais importantes escribas de citações diretas de Crisipo e, assim, uma fonte importante para nosso conhecimento da filosofia estoica antiga. Há um terceiro ensaio de Plutarco que trata dos estoicos *Que os estoicos falam mais paradoxalmente que os poetas* (*Compendium Argumenti Stoicos Absurdiora Poetis Dicere*), mas este é muito mais curto e, portanto, de menor importância.

Galeno

Outra fonte importante para citações diretas de Crisipo é Galeno de Pérgamo (129-199 e.c.), autor médico famoso e prolífico. Galeno escreveu várias obras que examinam a filosofia estoica – um comentário ao *Primeiro silogístico* de Crisipo e um livro que trata de Epiteto, entre outros –, todos infelizmente perdidos. No entanto, entre suas obras remanescentes, há duas obras de especial importância para o estudo do estoicismo.

A primeira é *Doutrinas de Hipócrates e de Platão* (*De Placita Hippocratis et Platonis*). Esta é um estudo detalhado de fisiologia e psicologia que tenta combinar teorias médicas antigas, segundo as quais a alma fica no cérebro, com a psicologia tripartida platônica. No processo, Galeno criticou tanto a afirmação de Crisipo de que a faculdade diretriz está localizada no coração quanto sua psicologia monista. Para a segunda dessas críticas, Galeno recorreu ao trabalho de Possidônio e apresentou Possidônio como um estoico heterodoxo que rejeitou a psicologia de Crisipo. Galeno citou extensivamente esses dois estoicos e, no processo, ofereceu-nos uma das discussões mais importantes da teoria estoica da alma da Antiguidade a chegar até nós. Ele também preservou alguns dos trechos mais longos de Crisipo que chegaram até nós.

A segunda obra de Galeno digna de nota aqui é sua *Introdução à lógica* (*Institutio Logica*), que contém material útil acerca da lógica estoica. No entanto, até certo ponto, essa obra apenas complementa o estudo muito mais importante que Sexto Empírico forneceu.

Sexto Empírico

Sexto Empírico – provavelmente ativo por volta de 200 e.c. – era seguidor da tradição filosófica cética que reivindicava descendência do filósofo helênico Pirro (e, portanto, é conhecida como ceticismo pirrônico, para distingui-lo do ceticismo acadêmico). Ele pode também ter sido, como Galeno, médico. Suas principais obras são os *Esboços pirrônicos* (*Pyrrhoniae Hypotyposes*) e *Contra os professores* (*Adversus*

Mathematicos); essa última pode de fato consistir em duas obras diferentes. Os conteúdos destas duas obras espelham-se até certo ponto, com a matéria dos Livros 2-3 dos *Esboços* repetida (em maior extensão e profundidade) nos Livros 7-11 de *Contra os professores*.

Sexto é uma fonte importante para vários aspectos da filosofia estoica, mas é relevante sobretudo no que diz respeito à lógica estoica, pois existem poucas outras fontes. Seu estudo da lógica estoica encontra-se no Livro 2 dos *Esboços pirrônicos* e no Livro 8 de *Contra os professores*.

Alexandre de Afrodísias

Alexandre de Afrodísias ocupava a cátedra de filosofia peripatética (aristotélica) em Atenas por volta do ano 200 e.c. É possível que essa fosse uma das quatro cátedras de filosofia que, segundo relatos, foram criadas por Marco Aurélio algumas décadas antes (a recente descoberta de uma inscrição em Afrodisias, cidade natal de Alexandre, apoia isso). Alexandre escreveu diversos comentários às obras de Aristóteles, além de uma ampla gama de textos mais curtos. Hostil aos estoicos, Alexandre argumenta contra eles e, no processo, relata algumas de suas doutrinas em várias de suas obras. Duas de suas obras mais curtas se destacam como fontes importantes para o estoicismo: *Destino* (*De Fato*) e *Mistura* (*De Mixtione*).

O envolvimento de Alexandre com o estoicismo sugere que este permaneceu uma força intelectual séria em Atenas até, pelo menos, o ano de 200 e.c. De fato, ao lado da cátedra de Alexandre em filosofia peripatética, havia também uma cátedra de filosofia estoica (as duas outras eram cátedras de filosofia platônica e epicurista). Presume-se que Alexandre participou de debates com o titular desta cátedra de filosofia estoica, e é provável que os estudantes pudessem assistir às aulas de mais de um titular de cátedra, se assim o desejassem. Muito disso é, inevitavelmente, especulação, mas a atenção detalhada que Alexandre dedicou às ideias estoicas sugere que o estoicismo estava longe de ser apenas o objeto de uma curiosidade leve por antiguidades.

Diógenes Laércio

Uma das fontes mais importantes para o estoicismo é o livro sete do *Vidas e opiniões de filósofos ilustres* (*Vitae Philosophorum*) de Diógenes Laércio. Em geral, afirma-se que ele viveu em algum momento do terceiro século e.c. Algumas vezes supõe-se que ele tenha sido epicurista, pois o livro final de seu livro *Vidas* é dedicado inteiramente a Epicuro, que é citado extensamente. Este último livro pode ter sido concebido por Diógenes como o ápice da história da filosofia a que ele apresentou os leitores.

O estudo que Diógenes faz dos estoicos baseia-se em uma fonte anterior que ele nomeia: Diocles de Magnésia. Estima-se que Diocles viveu no primeiro século a.e.c., embora essa data possa ser tão incerta quanto a de Diógenes.

Estobeu

João Estobeu, um pagão tardio que provavelmente floresceu no século V e.c., reuniu uma vasta coleção de material filosófico e literário para auxiliá-lo na educação de seu filho. Essa coleção, a *Antologia* (como os editores modernos a chamaram), contém várias fontes e fragmentos importantes relacionados ao estoicismo. De longe, o mais importante desses é o *Epítome da ética estoica* de Ário Dídimo (do século I a.e.c.). No entanto, Estobeu também é a fonte para o *Hino a Zeus* de Cleantes e os *Discursos* de Musônio Rufo, para além de ter coligido uma série de outros fragmentos que relatam as opiniões dos estoicos.

Simplício

As ideias estoicas permaneceram vivas nas discussões filosóficas até o fim da Antiguidade. No ano de 529 e.c., o Imperador Justiniano ordenou o fechamento das escolas filosóficas pagãs que restavam em Atenas. Nessa época, é altamente improvável que alguma escola estoica ainda existisse. No entanto, uma escola neoplatônica, liderada por Damáscio, ainda sobrevivia, e seus membros sentiram o impacto do decreto de Justiniano. Segundo o historiador Agátias, Damáscio e os últimos neoplatônicos fugiram para a Pérsia, embora não tenham lá permanecido por muito tempo, e o destino deles depois disso permaneça um assunto controverso.

Um membro desse grupo de neoplatônicos itinerantes foi Simplício, autor de vários comentários importantes a obras de Aristóteles. Nesses comentários, Simplício relata a doutrina estoica em uma ampla gama de tópicos filosóficos (bem como material de muitos outros filósofos anteriores cujas obras estão agora perdidas). Simplício também escreveu um comentário ao *Encheirídion* do estoico Epiteto. Esse comentário é único, pois é o único comentário da Antiguidade a um texto estoico que sobreviveu. No entanto, o comentário está mais preocupado em desenvolver temas éticos neoplatônicos do que em explicar Epiteto em seus próprios termos. No entanto, atesta o fato de que Epiteto continuou a ser lido até o século VI e.c.

Simplício também relata uma gama de doutrinas estoicas em seus vários comentários a obras de Aristóteles. No entanto, em seu comentário as *Categorias* de Aristóteles, ele observa que a maioria dos escritos estoicos não está disponível em seu tempo (*in Cat.*, 334,1-3). Parece provável, então, que seu conhecimento do estoicismo para além de Epiteto derivou de relatos de segunda mão, como os comentários aristotélicos do neoplatônico do terceiro século Porfírio, nos quais Simplício diz que há muita informação acerca do estoicismo (*in Cat.*, 2,5-9).

Declínio e perda de textos

Como vimos, a grande maioria dos textos estoicos antigos se perdeu. Das reflexões de Zenão, Cleantes, Crisipo, Panécio e Possidônio, sobrevivem apenas fragmentos citados por autores posteriores e estudos indiretos de suas ideias. Mais recentemente, tivemos a sorte de descobrir alguns textos adicionais de Crisipo em Herculano, mas, fora isso, os textos dos autores estoicos anteriores a Sêneca estão todos perdidos. Por quê? E como essa perda de tantos textos estoicos pode estar relacionada ao declínio da escola estoica na Antiguidade tardia?

Tradicionalmente, associa-se o declínio da fortuna do estoicismo, a partir de aproximadamente 200 e.c., com o aumento da popularidade do neoplatonismo, cujo fundador, Plotino, nasceu em 205 e.c. Contudo, essa explicação não é totalmente satisfatória. Não é óbvio por que alguém filosoficamente atraído pelo materialismo imanente do estoicismo seria igualmente atraído pela metafísica sobrenatural do neoplatonismo apenas porque este último ganhava popularidade. Em vez de buscar uma razão externa, como a concorrência de outra escola, talvez valha a pena considerar uma causa interna ao estoicismo. Uma possível causa pode ser encontrada em Epiteto.

Epiteto é citado por diversos autores do século II como o estoico mais ilustre da época. Aulo Gélio saúda-o como o maior dos estoicos (*NA*, 1.2.6), Frontão chamou-o de sábio (em suas *Epístolas*, 2.52), enquanto Celso relata que ele era mais famoso do que Platão (conferir o livro de Orígenes, *Contra Celso*, 6.2). Relata-se que seus textos circularam amplamente. Sua fama, nesse ponto, é destacada em uma anedota relatada por Luciano de Samosata em seu diálogo contra colecionadores de livros ignorantes:

> Creio que ainda vive o indivíduo que comprou por três mil dracmas a candeia de barro do filósofo estoico Epiteto. Suponho eu que o fulano esperava que, se fizesse todas as noites as suas leituras à luz dessa candeia, adquiriria logo a seguir, enquanto dormia, a sabedoria de Epiteto e ficaria igual a esse admirável ancião (*Adversus Indoctum*, 13).

Assim como ocorre com as estrelas do cinema nos dias atuais, fãs antigos estavam aparentemente dispostos a pagar grandes somas de dinheiro por itens manuseados por seus ídolos. Qualquer estoico aspirante no século II sem dúvida teria procurado ansiosamente pelas *Diatribes* de Epiteto, conforme registradas por Arriano, ou mesmo um dos discípulos de Epiteto, se algum deles desse aulas. E o sucesso póstumo de Epiteto pode muito bem ter sido o fator decisivo no declínio do estoicismo antigo como uma tradição contínua. Para desenvolver essa sugestão, será necessário considerar a concepção de filosofia de Epiteto e sua atitude em relação aos textos anteriores do estoicismo.

A concepção de Epiteto de filosofia valorizava os atos em detrimento das palavras. O verdadeiro estoico não é aquele que apenas aprende a recitar as palavras de Crisipo; mas sim aquele cujas ações estavam em harmonia com essas palavras. A tarefa da filosofia é compreender a natureza, para que se possa viver de acordo com ela e assim alcançar a felicidade ou a *eudaimonia*. O estudo das teorias filosóficas é sempre – para Epiteto – subordinado a esse objetivo prático. Assim, ele apresenta a filosofia como uma "arte de viver", uma arte (*tékhne*) que, como outras artes e ofícios, será orientada para um resultado prático. E, como em outras artes e ofícios, será necessário não apenas aprender os princípios subjacentes à arte de viver, mas também praticar ou exercitar-se para aprender a pôr esses princípios em prática. Ele diz:

> Depois de ter assimilado esses princípios, mostre-nos alguma mudança resultante no comando da sua alma, assim como os atletas exibem seus ombros como resultado dos exercícios e da alimentação, e como aqueles que dominaram as artes podem mostrar os resultados de seu aprendizado. O construtor não se apresenta e diz "Ouçam-me discorrer acerca da arte da construção"; em vez disso, fecha negócio para a construção de uma casa, constrói-a e, assim, prova que sabe a arte (*Diss.*, 3.21.3-4).

O filósofo deve fazer exatamente a mesma coisa, sugeria Epiteto, e exibir suas habilidades não em palavras elegantes, mas em ações nobres. Não deveria surpreender, portanto, que Epiteto demonstrasse uma atitude bastante ambivalente em relação aos textos de sua escola. De fato, há provas de que Epiteto utilizou textos canônicos do estoicismo, como tratados de Crisipo, em suas próprias aulas, mas essa prova surge, na maioria das vezes, embutida em um aviso a seus alunos para que não levassem o estudo desses textos demasiado a sério:

> É isso algo grande e admirável: conhecer ou interpretar Crisipo? Quem diz isso? O que, porém, é admirável? "Conhecer o propósito da natureza". E então? Segues esse propósito por ti mesmo? E do que ainda tens precisão? [...] Mas, por Zeus, não sigo com minha razão o propósito da natureza. Quem o interpreta? Dizem que é Crisipo. Vou e perquiro o que diz esse intérprete da natureza. Começo não entendendo o que ele diz, busco quem o interpreta [...] Não temos precisão de Crisipo [nem de seus intérpretes] por si mesmo senão para que sigamos a natureza (*Diss.*, 1.17.13-18).

Não se deve perder-se de vista a tarefa filosófica diante de si e perder-se em interpretação textual, sugere Epiteto. Tampouco se deve considerar interpretação textual uma habilidade digna de elogios:

"Toma a obra [escrita por Crisipo] *Impulso* e sabe como eu a li." Prisioneiro! Não busco saber isso, mas como usas o impulso e o refreamento, como usas o desejo e a repulsa, como te devotas, como te aplicas, como te preparas: se de modo harmonioso ou não harmonioso à natureza (*Diss.*, 1.4.14).

O domínio de argumentos filosóficos sutis e complexos não é o objetivo final da filosofia: "Se se pudesse analisar silogismos como Crisipo, o que impediria a si de ser miserável, triste, invejoso e, em uma palavra, estar distraído e infeliz? Nada" (*Diss.*, 2.23.44). Para Epiteto, então, a tarefa do filósofo é bastante diferente da do filólogo. O estudante bem-sucedido de filosofia não perderá tempo na análise de textos; em vez disso, concentrará sua atenção em transformar a parte governante de sua alma de acordo com os princípios filosóficos que aprendeu. Claro, o estudante estudará textos filosóficos, mas apenas como meio para um fim. Os livros são, assim, sinais ou mapas que nos direcionam para onde queremos ir; o viajante que passa todo o seu tempo a analisar mapas e nunca vai a lugar algum fracassou como viajante. O filósofo que passa todo o seu tempo a analisar textos e nunca põe seu conteúdo em prática é igualmente um fracasso. Para Epiteto, não é o volumoso autor Crisipo que serve como seu modelo filosófico; mas sim Sócrates, que expressa sua filosofia em ações, não em palavras. E, como Sócrates, Epiteto também optou por não escrever, reservando sua filosofia para seu modo de vida.

Estudantes estoicos que compreendessem com sucesso a filosofia de Epiteto concentrariam toda a sua atenção na transformação de seu modo de vida, em uma tentativa árdua de se aproximar da vida do sábio. Como Epiteto, aspirariam a ser como Diógenes, o cínico, e, acima de tudo, como Sócrates. Mas o que não fariam é engajar-se em estudos filológicos de textos de sua escola ou escrever comentários a eles. É essa atitude ambivalente em relação aos estudos textuais e à produção de comentários, bastante diferente da dos platônicos e aristotélicos do mesmo período, que pode ser uma das razões para o declínio rápido do estoicismo e para a perda de tantos textos estoicos antigos. Basta apenas uma ou duas gerações de estudantes darem pouca ou nenhuma atenção à preservação dos textos de sua corrente de pensamento para tornar literalmente impossível às gerações subsequentes de potenciais estoicos estudar o estoicismo.

Esta atitude ambivalente em relação aos textos certamente não marcou toda a tradição estoica. Estoicos antigos como Crisipo escreveram copiosamente e podem até ter produzido comentários a textos estoicos anteriores, se *A república* de fato foi um comentário a "República" de Zenão. Cleantes escreveu um comentário a Heráclito (DL, 7.174), que foi uma fonte importante para a física estoica, e, mais tarde, Atenodoro, o estoico, escreveu um comentário às *Categorias* de Aristóteles ou uma resposta polêmica a elas (Porfírio, *in Cat.*, 86, 22-4). Talvez mais significativamente, a enciclopédia bizantina conhecida como Suda inclui uma entrada que trata de um Arístocles, o estoico, que escreveu um comentário à obra *Como nós nomeamos e concebemos cada coisa* de Crisipo. Assim, nem todos os estoicos parecem ter tido objeções ideológicas à forma de comentário como tal. E estoicos posteriores, aproximadamente contemporâneos de Epiteto, como Hiérocles e Cleomedes, não pareciam compartilhar o foco de Epiteto na filosofia prática em detrimento da discussão acadêmica mais profunda de tópicos filosóficos. Mas a atitude um tanto desfavorável de Epiteto em relação aos textos, combinada com sua popularidade subsequente, pode ter sido a influência decisiva nos estoicos no final do segundo e início do terceiro séculos. Qualquer estoico aspirante desse período teria lido Epiteto, o estoico mais famoso da época, e teria aprendido a não prestar atenção excessiva à interpretação dos textos das escolas em detrimento de exercícios filosóficos práticos. Certamente não teriam dedicado tempo a escrever comentários longos a textos estoicos anteriores, apesar do fato de que Alexandre de Afrodísias relatar que, naquela época, o comentário se tornava a forma padrão de escrita filosófica (*in Top.*, 27,13-16). O sucesso de Epiteto no segundo século – ou, para ser mais preciso, o sucesso do registro literário das palestras de Epiteto feito por Arriano – pode muito bem ter contribuído para a trágica perda de tantos textos estoicos antigos e o então inevitável declínio do estoicismo. Ironia das ironias, temos de agradecer a oponentes como Plutarco e Galeno por registrarem material da obra de Crisipo que de outra forma estaria totalmente perdido. Ainda mais ironicamente, parece que devemos culpar, pelo menos em parte, Epiteto (mas igualmente Arriano) pelo declínio da sorte do estoicismo e pela perda de tantos textos estoicos.

2
O SISTEMA ESTOICO

COMO OS ESTOICOS CONCEBIAM A FILOSOFIA?

Na seção final do capítulo um, tratamos da concepção de filosofia de Epiteto e de como ela pode ter contribuído, sem intenção, para a subsequente perda de textos estoicos antigos. Como vimos, para Epiteto, a filosofia não se trata apenas de ser capaz de compreender e interpretar textos filosóficos; ela é também algo mais prático e existencial. Assim, para ele, a filosofia é uma atividade bastante diferente da disciplina acadêmica moderna.

Antes de nos voltarmos diretamente para a filosofia estoica, é importante considerar precisamente como os estoicos concebiam a filosofia e como a sua concepção de filosofia difere da nossa. Se supusermos que os estoicos eram filósofos simplesmente no mesmo sentido em que um acadêmico moderno é filósofo, corremos o risco de inúmeros mal-entendidos e distorções. Em particular, podemos acabar por abstrair apenas aquelas partes da filosofia estoica que se encaixam ordenadamente nas categorias modernas de filosofia e ignorar tudo o mais que não se encaixe. Embora esse tratamento possa ser intelectualmente frutífero, não nos permitirá compreender a filosofia estoica em seus próprios termos. Assim, comecemos por considerar alguns pensamentos estoicos quanto à natureza e à função da filosofia. O seguinte trecho provém de Epiteto:

> A filosofia não promete preservar nenhuma das coisas externas ao ser humano. Caso contrário, admitirá algo exterior à sua própria matéria. Do mesmo modo que a matéria da carpintaria é a madeira; a da estatuária, o bronze; assim também a matéria da arte da vida é a vida de cada um (*Diss.*, 1.15.2).

Epiteto apresenta a filosofia estoica como uma arte (*tékhne*), uma arte preocupada com a transformação do modo de vida de uma pessoa. Em outro momento (*Diss.*, 2.19.20-25), ele sugere que o melhor indicador da filosofia de uma pessoa não é o que ela diz, mas como ela se comporta. Ele sugere que seus estudantes tentem observar-se em suas ações diárias para descobrir a qual escola de filosofia realmente pertencem. Ele prevê que a maioria de seus estudantes – todos, é claro, estudando estoicismo – se descobrirão epicuristas (sustentarão que o prazer é a chave para a felicidade), e alguns descobrirão que são peripatéticos (considerarão que a virtude é chave para a felicidade, mas exigirão circunstâncias externas favoráveis). Porém, Epiteto duvida que encontrará muitos estoicos entre os estudantes de sua sala de aula (pessoas que sustentem que a virtude é a chave para a felicidade, independentemente das circunstâncias). Claro, todos os seus estudantes serão capazes de recitar argumentos e doutrinas estoicas, mas, como vimos, para Epiteto isso não é suficiente. O verdadeiro estoico deve ser capaz de traduzir essas doutrinas em comportamento concreto. Não basta dizer que se pode ser virtuoso e, assim, feliz, independentemente das circunstâncias; deve-se *efetivamente ser* feliz independentemente das circunstâncias, seja em situação de perigo, desgraça, doença ou morte.

A última reflexão de Epiteto é ecoada em uma passagem um tanto inquietante de Sêneca:

> Como sei com que serenidade suportarias a perda dos filhos se diante dos olhos tens todos os que geraste? Eu te ouvi quando consolavas outras pessoas: eu então teria visto exatamente a tua condição se tivesses consolado a ti mesmo, se tivesses vetado o teu próprio sofrimento (*Prov.*, 4.5).

Para Sêneca, tanto quanto para Epiteto, os atos valem mais que as palavras. De fato, Sêneca é explícito quanto à sua concepção de filosofia. Em uma de suas cartas, ele escreve:

> A filosofia não é uma habilidade para exibir em público, não se destina a servir de espetáculo; a filosofia não consiste em palavras, mas em ações. O seu fim não consiste em nos fazer passar o tempo com alguma distração, nem em libertar o ócio do tédio. O objetivo da filosofia consiste em dar forma e estrutura à nossa alma, em nos ensinar um rumo na vida, em orientar os nossos atos, em nos apontar o que devemos fazer ou pôr de lado [...]. Sem ela ninguém pode viver sem temor, ninguém pode viver em segurança (*Ep.*, 16.3).

Pensamentos semelhantes podem ser encontrados nas obras de Musônio Rufo (cf. *Diss.*, 5). Em resposta a uma pergunta pela importância relativa da teoria e da prática, Musônio indaga a quem se preferiria confiar a própria vida: a um médico inexperiente que fala muito bem de medicina ou a um médico experiente, embora não muito articulado, com um bom histórico? Novamente, preferir-se-ia ouvir música tocada por alguém versado na teoria musical que nunca tocou um instrumento antes ou por alguém que não sabe nada de teoria musical, mas que é um músico experiente? As respostas para ambas as perguntas são óbvias. O mesmo critério se aplica à filosofia; devemos valorizar muito mais alguém que consegue pôr sua filosofia em prática do que alguém que apenas fala de filosofia.

Lamentavelmente, a falta de textos completos dos estoicos mais antigos torna difícil saber com certeza se Zenão ou Crisipo tinham essa concepção muito prática da filosofia delineada por Musônio, Sêneca e Epiteto. É concebível que tal concepção pudesse ser uma inovação posterior. Contudo, isso parece improvável. Se Zenão estudou com Crates, o cínico, deveríamos esperar que ele tivesse um tratamento igualmente orientado para a prática da filosofia. O fato de Zenão não ter permanecido um cínico, de ter optado, em vez disso, por estudar com Polêmon e, por fim, fundar sua própria escola, é uma prova bastante clara de que ele não desejava tornar-se um cínico ortodoxo. No entanto, a orientação prática do cinismo, sem dúvida, deixou sua marca. E, apesar de algumas tentativas antigas de argumentar que essa influência cínica se limitava ao Zenão jovem, estudiosos modernos demonstraram que temas cínicos podem ser encontrados em todo o antigo Pórtico Pintado (cf. Goulet-Cazé, 2003). Com uma forte orientação prática tanto nos cínicos imediatamente anteriores aos primeiros estoicos quanto nos estoicos posteriores, parece razoável supor que essa orientação marcou a concepção filosófica dos primeiros estoicos também.

De fato, há alguns fatos históricos a favor dessa suposição. Em um estudo baseado em uma obra perdida de Crisipo, Cícero delineia um uso precoce de uma analogia médica pelos estoicos (*Tusc.*, 3.1–21). Ecoando discussões de Sócrates que se encontram nos primeiros diálogos platônicos, sugere-se que, assim como existe saúde e doença do corpo, também existe saúde e doença da alma. Embora haja uma arte estabelecida da medicina para o corpo, menos atenção foi dada ao desenvolvimento de uma arte da medicina para a alma, mesmo que a doença da alma seja muito mais grave do que a doença do corpo. A arte que se ocupa da cura ou terapia da alma é a filosofia, sugere Cícero, seguindo Crisipo. Portanto, a filosofia é uma arte dedicada a curar, de doenças, a alma, assim como a medicina é uma arte dedicada à cura do corpo de doenças. Quais seriam essas doenças da alma? Para os estoicos, essas doenças são famosamente as emoções, e as emoções são elas próprias o produto de juízos errôneos (falaremos melhor disso no Capítulo 5). O processo de desvendar os juízos errôneos que criam emoções indesejadas é um processo de diagnóstico semelhante aos diagnósticos físicos realizados por um médico. De fato, as emoções são em rigor apenas os sintomas de uma perturbação mental mais profunda, a saber, crenças falsas que são o produto de juízos errôneos. A tarefa da filosofia, concebida como esta arte da medicina para a alma, é curar-nos dessas crenças falsas, ensinando-nos a evitar fazer juízos errôneos. O filósofo, para Crisipo, é, portanto, um médico da alma (Galeno, *PHP*, 5.2.23).

Diferente dos médicos que tratam o corpo, contudo, os médicos estoicos da alma preocupar-se-ão menos com a cura das doenças mentais dos outros e mais com a condição de sua própria alma:

> Existe, de certeza, uma medicina para a mente: a filosofia, cuja ajuda não tem de vir de fora, como sucede com as doenças do corpo, pelo contrário, devemos recorrer a todas as nossas forças para sermos capazes de nos curarmos a nós mesmos (*Tusc.*, 3.6).

A concepção da filosofia como arte destinada a tratar as doenças da alma, que cada um só pode praticar em si mesmo, forma o contexto para nossa passagem inicial de Epiteto (*Diss.*, 1.15.2). Quando Epiteto disse que a vida de cada indivíduo é o material da arte de viver, ele estava respondendo a um homem que lhe perguntou como poderia impedir que seu irmão se zangasse com ele. A resposta de

Epiteto foi dizer que o homem deveria preocupar-se mais com sua própria reação emocional à ira do irmão do que com a ira do irmão em si. Se o homem quiser adotar a filosofia para tratar suas próprias doenças mentais, que o faça, mas não pense que poderá curar a ira do irmão. Apenas o próprio irmão pode fazer isso. Aqui, pode-se ver os estoicos desenvolverem um tema originado com Sócrates, a saber, o pensamento de que a tarefa mais urgente que enfrentamos é cuidar de nossas próprias almas (cf. Sellars, 2003, p. 36-39). Ninguém pode fazer isso por nós; todos devemos dominar a arte de "cuidar de si mesmo" por nós mesmos. Assim, o médico estoico da alma não é uma espécie de terapeuta evangelizador que está empenhado em tentar curar as almas de todos que encontra; ao contrário, ele está focado em uma tarefa mais pessoal e privada, embora – como Sócrates e Diógenes, o cínico – possa tentar encorajar outros a embarcar nesse mesmo trabalho pessoal por si mesmos.

Como veremos mais adiante, os estoicos são materialistas e a alma é concebida como um certo tipo de matéria em um certo estado. Qualquer discussão da cura da alma de emoções ruins, crenças falsas ou juízos falhos pode igualmente ser descrita sob a ótica da alteração da disposição física da alma. Crisipo também nos oferece uma analogia destinada a mostrar que qualquer alteração na disposição da alma terá um impacto necessário na maneira como atuamos (Aulo Gélio, *NA*, 7.2.11). Ele sugere que imaginemos um cilindro deitado no chão. Para que o cilindro se mova, será necessário um impulso externo, mas a maneira como ele se move, rolagem, dependerá de sua natureza ou de sua forma interna, ou seja, sua secção circular. O movimento do cilindro, portanto, será o produto da interação da causa externa (o impulso) e da causa interna (a forma). Para Crisipo, a disposição da alma é análoga à forma do cilindro, enquanto os estímulos externos são análogos ao impulso. Sempre que alguém age em resposta a um evento externo, sua ação será necessariamente moldada pela disposição de sua alma, bem como pelo evento externo em si. Em outras palavras, transformar a disposição da alma de um indivíduo terá um impacto direto em suas ações e, portanto, em seu modo de vida. Este é o sentido em que a filosofia concebida como uma arte de curar a alma é também uma arte de viver; transformamos nossas vidas ao transformar as disposições habituais de nossas almas.

Como veremos nos capítulos seguintes, os estoicos antigos desenvolveram um sistema filosófico complexo, incluindo lógica formal, teorias da linguagem e do conhecimento, ontologia e cosmologia, bem como teoria ética. No entanto, é importante lembrar que esses vários aspectos do sistema filosófico estoico foram desenvolvidos dentro desse contexto altamente prático. O objetivo da filosofia, para os estoicos, era transformar todo o modo de vida. Esse processo de transformação estava focado em tornar-se o máximo possível como a imagem idealizada do indivíduo que eles excogitaram: o sábio estoico.

A FUNÇÃO DO SÁBIO ESTOICO

Central para a filosofia estoica é o ideal do sábio estoico. Se a filosofia é uma arte de viver dedicada a transformar o modo de vida, então o objetivo final dessa arte é transformar a própria vida na vida de um sábio. Todas as várias partes da filosofia estoica são, à sua maneira, direcionadas para esse fim.

O sábio é descrito em uma variedade de fontes como alguém que nunca é impedido, que é infalível, que é mais poderoso que todos os outros, mais rico, mais forte, mais livre, mais feliz e a única pessoa verdadeiramente merecedora do título de "rei" (cf., p. ex., Cícero, *Fin.*, 3.75; Cícero, *Tusc.*, 3.10-21). Ário Dídimo acrescenta o seguinte em seu resumo da ética estoica:

> Dizem que tudo o que o sábio faz, faz bem. Evidente. Pois, do mesmo modo que dizemos que faz tudo bem o tocador de flauta ou o tocador de cítara, [...] do mesmo modo, o prudente todas as coisas faz bem – e as quantas coisas que faz [...]. Pois perfaz todas as coisas segundo a reta razão e de modo segundo a excelência, sendo a arte de viver acerca do todo, do que creem ser consequência a opinião segundo a qual o sábio age bem acerca de tudo (Ário Dídimo, 5b10).

O sábio, portanto, é um indivíduo que dominou a arte de viver e, assim, sempre age bem em todas as áreas de sua vida, assim como o flautista que dominou a arte de tocar flauta sempre toca bem quando toca flauta. Tendo dominado a arte de viver, o sábio estará completamente livre das doenças da alma, e sua sabedoria será definida simplesmente sob a ótica de ter uma alma perfeitamente saudável (*Tusc.*, 3.10). Ou, seguindo Galeno, poderíamos dizer que a alma do sábio estará completamente imune a tais doenças, enquanto alguns outros serão saudáveis, mas não imunes, outros serão facilmente propensos à doença, enquanto aqueles atualmente superados pelas emoções estarão doentes (*PHP*, 5.2.9). Em geral, porém, os estudos estoicos tendem a apresentar todos os que não são sábios como ímpios, tolos e loucos (p. ex., Plutarco, *St. Rep.*, 1048e).

Se o sábio é uma criatura tão rara quanto esperaríamos, então esses termos pouco lisonjeiros se aplicarão a quase todos. Não surpreendentemente, isso não foi bem recebido por alguns dos oponentes dos estoicos. Os atributos peculiares do sábio levaram a uma série de conclusões que passaram a ser conhecidas como os "paradoxos estoicos". Cícero nos fornece um texto curto útil que resume alguns desses: o *Paradoxos dos estoicos*. Entre os tópicos discutidos por Cícero estão as afirmações estoicas de que "todo não sábio é louco", que "somente o sábio é rico" e que "somente o sábio é livre e, portanto, todo não sábio é escravo". No exame do último destes, ele escreve:

> mas se se entender "servidão" – o que de facto ela é – como a obediência prestada por uma alma abatida, aviltada, sem vontade própria, quem negará que todos os inconstantes, todos os ambiciosos, em suma, todos os perversos são escravos? (*Parad.*, 35)

Apesar da popularidade do estoicismo no mundo romano, pode-se entender por que nobres romanos ricos e proprietários de escravos não teriam apreciado ouvir argumentos que alegam que, na verdade, esses proprietários eram pobres e eles próprios escravos, porque não haviam alcançado o ideal (possivelmente inatingível) do sábio estoico.

Os estoicos reconheciam uma terceira classe intermediária de indivíduos: aqueles que "progridem" (*prokopē*). Estes são filósofos no sentido etimológico da palavra: amantes da sabedoria que aspiram à sabedoria, mas que não são sábios em si. No entanto, tais indivíduos em rigor permanecem entre os tolos, conforme ilustrado graficamente em um trecho de Crisipo:

> Assim como no mar, o homem que está a 45 centímetros da superfície se afoga tanto quanto o que afundou 1100 metros, da mesma forma não estão menos no vício aqueles que se aproximam da virtude do que aqueles que estão longe dela [...] Portanto, aqueles que "progridem" continuam a ser estúpidos e depravados até que tenham alcançado a virtude (relatado em Plutarco, *Com. Not.*, 1063a).

Assim, até os filósofos permanecem escravos, ímpios, tolos e loucos. De fato, nenhum dos primeiros filósofos estoicos parece ter-se apresentado como sábio, ainda que alguns dos seus seguidores posteriores pudessem se sentir tentados a venerá-los como tal (cf. Brouwer, 2002). Se isso é verdade até para os filósofos, então quem poderia possivelmente ser contado como um exemplo de sábio? Não surpreendentemente, houve alguma dúvida quanto à existência real de tal indivíduo, ou mesmo se tal indivíduo poderia existir. Diante dessa dúvida, surge a questão de se o ideal do sábio é uma possibilidade prática real que pode ser efetivamente alcançada na realidade ou se é um ideal regulador puramente abstrato ao qual se pode apenas aspirar, mas nunca realmente alcançar. Essa segunda resposta formou a base para uma crítica comum ao estoicismo ao longo dos tempos, articulada por Erasmo e Kant, entre outros, e já feita na Antiguidade. Isso está, é claro, intimamente relacionado à questão de se algum sábio estoico realmente existiu. Só precisamos ser capazes de apontar um exemplo concreto de um genuíno sábio estoico para podermos dizer que é uma possibilidade real tornar-se um sábio, não importa a dificuldade de alcançar isso. Para contrapor a acusação de que o sábio é um ideal impossível, os defensores do estoicismo sugeriram nomes de indivíduos que acreditavam ter atingido a posição de sábio. Entre os estoicos romanos, o exemplo preferido era Catão, o jovem.

Catão, o jovem (95-46 a.e.c.), opositor político de Júlio César, cuja vida é relatada nas obras *Catão, o jovem* de Plutarco e *Farsália* de Lucano, é mais famoso por ter cometido suicídio em Útica, a cidade norte-africana que governava durante a guerra civil romana, em vez de enfrentar a captura por César. Quando instado a fornecer um exemplo de um sábio estoico, a resposta de Sêneca era sempre apontar para Catão. A admiração de Sêneca por Catão era tão grande que ele sugeriu que Catão poderia até mesmo superar o ideal do sábio:

> Não há por que afirmar, tal como costumas, que esse nosso sábio não se encontra em parte alguma. Não imaginamos isso como vão atributo da natureza humana nem concebemos uma imagem grandiosa de algo falso, mas já a mostramos e mostraremos qual a formamos, criatura rara, talvez, e única por grandes intervalos de tempo. Realmente, tudo o que é grande e que supera o limite habitual e comum não é gerado com frequência. De resto, o próprio Marco Catão, de cuja menção partiu esta discussão, receio que esteja acima de nosso modelo (*Const.*, 7.1).

Embora Cícero tenha se mantido, até certo ponto, crítico em relação a esse ideal estoico, ele reconheceu que Catão de fato conseguiu viver o seu estoicismo, em vez de apenas argumentar a respeito (*Pro Murena, 62*), e o descreveu como um exemplo perfeito de estoico (*Parad.*, 2). O poeta estoico Lucano é ainda mais enfático quanto à condição preeminente de Catão:

> Catão foi um verdadeiro pai de sua pátria, e muito mais digno do que outros que desde então receberam este título, de ter altares erguidos em sua memória. Um dia, quando finalmente formos libertos da escravidão, se isso algum dia acontecer, Catão será divinizado; e Roma então terá um deus por cujo nome poderá jurar sem se envergonhar disso (*Pharsalia*, 9.601-4).

Enquanto estoicos romanos como Sêneca e Lucano admiravam Catão, o jovem, como um possível exemplo de sábio, no mundo de fala grega quem era apresentado com frequência como um exemplo de sábio era Sócrates. Vimos no capítulo 1 a história segundo a qual Zenão foi inicialmente inspirado a estudar filosofia depois ler acerca de Sócrates nas *Memórias* de Xenofonte. De fato, pode-se dizer que a filosofia estoica literalmente começou com a admiração de Zenão pela vida de Sócrates. Filodemo relata que alguns estoicos queriam ser chamados de "socráticos" (*De Stoicis*, 13,3-4). Nas obras de um estoico posterior, como Epiteto, Sócrates forma um paradigma autoritário para a vida filosófica ideal: "E tu, mesmo que não sejas Sócrates, deves viver desejando ser como Sócrates." (*Ench.*, 51.3).

Também é evidente que Sócrates representou um importante modelo para muitos dos primeiros estoicos (cf. Long, 1988), de maneira similar à função de Epicuro como modelo para os epicuristas. Mas, claro, Sócrates não era um sábio estoico, nem poderia ter sido, pois viveu antes de o estoicismo ter sido concebido. Ele era simplesmente um modelo de sabedoria que alguns estoicos consideravam incorporar os principais atributos de seu próprio ideal filosófico. Outros não estoicos que foram adotados dessa forma como modelos do sábio incluíam o lendário Heracles (ou Hércules) e Diógenes, o cínico. Epiteto cita Diógenes como um exemplo para um interlocutor cético:

> Mas posso mostrar-te alguém que foi livre, para que não tenhas mais de procurar um exemplo. Diógenes foi livre. "Como assim?" Não por ter nascido de pais livres, pois não o foi, mas por ele mesmo ser livre, por ter rejeitado tudo aquilo que torna a escravidão possível em uma pessoa, de modo que não havia maneira de alguém se aproximar ou agarrar-se a ele para escravizá-lo (*Diss.*, 4.1.152).

Apesar desses exemplos, o grande problema para o Pórtico Pintado era que nenhum dos primeiros estoicos se apresentava como sábio, e os estoicos posteriores pareciam hesitantes em canonizar os fundadores da escola. Ambas as partes devem, claro, ser creditadas por sua cautela aqui. Mas isso significava que a escola não tinha uma figura interna que pudesse ser apresentada como um exemplo vivo de seu próprio ideal filosófico. Nem Sócrates nem Diógenes eram estoicos, enquanto Catão era um herói especificamente romano, produto de um contexto político particular, que não teria sido um modelo óbvio para o estoicismo como um todo. Críticos antigos foram rápidos em apontar que há um problema potencial em um sistema filosófico primariamente direcionado a se tornar algo que nunca existiu e talvez jamais possa existir. Há algo inevitavelmente fútil em dedicar a vida a tentar tornar-se um sábio se esse é um objetivo inatingível. Apesar de suas grandes qualidades, é ridícula a alegação de que Sócrates ou Catão nunca cometeram um erro em suas vidas, o que seguiria da afirmação de que eram sábios infalíveis. De fato, parece que alguns estoicos posteriores levaram essas preocupações a sério, e Panécio, por exemplo, desviou a atenção das ações hipotéticas do sábio perfeito e focou mais nas ações de indivíduos imperfeitos que tentam melhorar suas vidas no aqui e agora (cf. Sêneca, *Ep.*, 116.5).

Em resposta a essas preocupações, pode-se dizer que, embora o sábio estoico possa parecer um ideal abstrato inatingível, na verdade era um ideal baseado em exemplos concretos específicos. Como vimos, o mais importante desses teria sido Sócrates, talvez seguido de perto por Diógenes. Embora seja improvável que Sócrates ou Diógenes tenham reivindicado ter vivido à altura de algumas das descrições mais abstratas dos atributos aperfeiçoados do sábio, eles, no entanto, incorporaram uma série de qualidades que os estoicos consideravam louváveis. Se avaliarmos a imagem do sábio dentro desse contexto, tendo em mente os exemplos concretos nos quais se baseia, então o ideal não parecerá tão irrealista. Embora possa ser impossível tornar-se perfeito ao ponto de infalibilidade, é concebível, nas palavras de Epiteto, "tornar-se como Sócrates", não importa a dificuldade dessa tarefa, e mesmo que o "Sócrates" em mente já não seja idêntico à figura histórica. O ponto mais importante a enfatizar aqui, contudo, é a maneira como essa preocupação com o sábio no estoicismo enfatiza sua orientação primariamente prática. A tarefa filosófica fundamental para o estoicismo é transformar o modo de vida de alguém na vida de um sábio.

As "três partes" da filosofia

Até o momento, focamos na dimensão prática da filosofia estoica. Para filósofos antigos como os cínicos, isso era tudo o que importava. Já os estoicos combinam essa abordagem prática com um interesse aguçado pela teoria filosófica. De fato, a figura mais importante na história do Pórtico, Crisipo, provavelmente era mais conhecido na Antiguidade como lógico. Estudos antigos da doutrina estoica, como o fornecido por Diógenes Laércio, esboçam uma taxonomia complexa de teorias filosóficas com inúmeras divisões e subdivisões. Eis apenas um exemplo:

> Alguns estoicos dividem a parte lógica do sistema em duas ciências: retórica e dialética... a própria retórica, dizem eles, tem três divisões: deliberativa, forense e encomiástica... a dialética (acreditam eles) cai sob duas categorias: temas do discurso e linguagem. E os temas se enquadram nas seguintes classificações: apresentações..., proposições [e assim por diante] (DL, 7.41-3).

No topo dessa taxonomia estoica, há uma divisão básica da filosofia em três partes principais: "Os estoicos dividem o discurso filosófico em três partes: físico, ético e lógico." (DL, 7.39). É importante frisar desde o início que esses três termos – lógica, física e ética – eram usados de maneira um tanto diferente de como são usados hoje. A lógica, por exemplo, era concebida em um sentido muito mais amplo do que agora, que abrangia não apenas a lógica formal, mas também a retórica e a epistemologia. De forma semelhante, entendia-se que a física abarcava não apenas a filosofia natural, mas também a ontologia ou metafísica e a teologia.

Vários estoicos ofereceram diferentes símiles em tentativas de explicar a relação entre as três partes da lógica, física e ética:

Os estoicos comparam a filosofia a um ser vivo, no qual os ossos e os nervos correspondem à lógica, as partes carnosas à ética e a alma à física. Ou então comparam-na a um ovo: a casca à lógica, a parte seguinte (a clara) à ética, e a parte central (a gema) à física. Ou a comparam ainda a um campo fértil: a cerca externa é a lógica, os frutos são a ética, e o solo ou as árvores são a física (DL, 7.40).

Alguns comentadores analisaram essas explanações e tentaram verificar se elas implicam alguma prioridade de uma parte da filosofia estoica quanto às outras. Contudo, todas essas imagens parecem sugerir uma interdependência fundamental entre as três partes da filosofia. Isso é evidente no caso do símile do ovo, mas talvez seja mais óbvio na comparação com um ser vivo. De fato, outra fonte afirma que Possidônio rejeitou a comparação com um campo fértil justamente porque era fácil demais conceber que as partes existiam independentemente umas das outras, e ele explicitamente preferiu a comparação com um ser vivo porque isso ressaltava que as três partes da filosofia são inseparáveis (cf. Sexto Empírico, *M*, 7.19).

Caso se aceite essa interdependência fundamental, ainda seria possível estabelecer alguma forma de prioridade entre as três partes? Um contexto no qual isso poderia ser feito é ao tentar determinar a ordem de ensino delas. Relata-se que diversos estoicos discordaram quanto à ordem em que as três partes deveriam ser ensinadas (DL, 7.41). Crisipo pensava que os estudantes deveriam aprender primeiro a lógica, depois a ética, então a física (e, por fim, a teologia, a parte mais elevada da física). No entanto, como comenta Plutarco, muitas das discussões que Crisipo fez da ética pressupunham e seriam antecedidas por discussões de física (*St. Rep.*, 1035a-f). Outras fontes relatam que Zenão, Crisipo e outros puseram a lógica em primeiro lugar, seguida pela física e, finalmente, pela ética. Outros sugeriram que nenhuma parte deveria ter prioridade quanto às demais e que elas deveriam ser ensinadas de forma misturada para enfatizar isso (DL, 7.40). Qualquer programa de ensino que introduzisse o estoicismo não pode fazer tudo de uma vez, e, portanto, algum ordenamento parece inevitável. Mas, pelos estudos limitados de que dispomos, parece provável que as ordens de prioridade estejam meramente preocupadas em organizar um currículo e não impliquem nenhuma prioridade filosófica mais fundamental de uma parte quanto às outras. Como se verá, cada uma das três partes da filosofia estoica depende uma das outras e não pode ser plenamente compreendida uma sem a outra.

A FILOSOFIA E O DISCURSO FILOSÓFICO

Viu-se que a filosofia estoica foi dividida em três partes, a saber, lógica, física e ética. Isso, contudo, não está em rigor correto. Diógenes Laércio nos contou que foi o discurso filosófico que foi dividido dessa maneira (DL, 7.39), ao passo que Plutarco disse que essa divisão se aplica aos teoremas filosóficos (*St. Rep.*, 1035a). Isso é importante porque pode nos ajudar a conciliar as afirmações segundo as quais, por um lado, a filosofia é uma arte prática cuja finalidade é transformar a vida de alguém na vida de um sábio, ao passo que, por outro lado, é uma matéria aparentemente teórica, dividida em lógica, física e ética, cada uma das quais está dividida ainda mais em uma taxonomia complexa de doutrinas. Pode-se ver agora que essa taxonomia complexa é do discurso filosófico ou da teoria, mas não necessariamente da própria filosofia. A filosofia em si, como se viu com Epiteto, é uma tentativa de transformar o modo de vida de alguém. Ário Dídimo escreve:

A pessoa que está pronta para filosofar não é a que escuta atentamente o que é dito pelos filósofos e o anota, e sim a que está pronta para transferir as prescrições da filosofia para as próprias ações e a viver de acordo com essas prescrições (*11k*).

Há uma distinção clara, então, entre o discurso filosófico, o que é dito e escrito pelos filósofos, e a própria filosofia, um modo de vida em que as doutrinas filosóficas são expressas no comportamento de alguém. Mas que vínculo essas coisas têm uma com a outra? Os estoicos fornecem uma explanação de como pensaram que sua teoria filosófica complexa poderia ser posta para funcionar de um modo que habilitasse alguém a progredir rumo ao ideal do sábio?

Epiteto nos dá justamente uma explanação. Ele esboça um modelo de duas etapas de educação filosófica:

> Então primeiro os filósofos exercitam-nos nas teorias, o que é fácil. Em seguida, nos conduzem às coisas mais difíceis. Pois, no primeiro caso, nenhuma resistência há em relação a seguir os ensinamentos; mas, nas coisas relativas à vida, muito é o que nos desvia (*Diss.*, 1.26.3).

Primeiro, estudamos as doutrinas ou teorias estoicas, divididas sob os títulos de lógica, física e ética, e então passamos para a tarefa muito mais difícil de tentar pôr essas doutrinas em prática, de transformar nossas vidas à luz do que aprendemos. A primeira etapa envolve, pelo menos na sala de aula de Epiteto, o estudo dos escritos famosamente difíceis de Crisipo. A segunda etapa envolve uma série de exercícios (*askēseis*) que são projetados para realizar uma tarefa ainda mais difícil, a saber, traduzir as doutrinas filosóficas contidas nas obras de Crisipo em ações. Aqui, Epiteto segue seu antigo professor Musônio. Como vimos, Musônio enfatiza o valor da prática em relação à teoria. No entanto, ele matiza essa afirmação ao enfatizar a necessidade de prática fundamentada na teoria: "A teoria que ensina como se deve atuar está vinculada à prática e a precede, já que não é possível fazer algo realmente bem a menos que sua execução prática esteja em harmonia com a teoria" (*Diss.*, 5). Portanto, o estudo das doutrinas filosóficas é uma etapa essencial na educação filosófica, mesmo para o altamente prático Musônio. Mas e quanto à segunda etapa de Epiteto? Sugeri que essa segunda etapa será constituída por algum tipo de exercício projetado para traduzir o conteúdo dessas doutrinas em ações. Em um texto intitulado *Exercício*, Musônio expõe e desenvolve essa segunda etapa. Ele começa pela apresentação de os exercícios que serão necessários como exercícios para a alma – o que Pierre Hadot chamou de "exercícios espirituais" (p. ex., em Hadot, 1998) – análogos aos exercícios para o corpo que um atleta pode realizar. Com relação a esses "exercícios espirituais", Musônio diz:

> O exercício próprio da alma é, primeiro, ter à mão as demonstrações acerca das coisas que parecem bens e não o são e das coisas que parecem males e não o são, conhecer os bens verdadeiros e habituar-se a distingui-los dos que não são bens verdadeiros (*Diss.*, 6).

Em outras palavras, esses exercícios visam a transformar nossas maneiras habituais de atuar à luz das teorias filosóficas que dominamos na sala de aula. Uma coisa é ser capaz de dizer o que é verdadeiramente bom e o que é apenas aparentemente bom; outra completamente diferente é atuar imediata e coerentemente à luz desse entendimento. Temos, como diz Musônio um pouco mais adiante, acumulado um grande número de maus hábitos que precisamos superar se quisermos fazer um progresso filosófico genuíno. É por isso que podemos saber que um procedimento é o melhor e, ainda assim, escolher outro. A tarefa para esta segunda etapa, então, é habituar a alma de modo que as crenças filosóficas conscientemente escolhidas possam moldar nossos hábitos inconscientes e, assim, determinar nosso comportamento cotidiano. Esse processo é frequentemente apresentado sob a ótica da habituação e digestão. Marco Aurélio apresenta isso como um processo de tingir a alma com uma nova cor, assim como se poderia tingir um pedaço de tecido com uma nova cor (*Med.*, 5.16). A tarefa é o que podemos chamar de digestão de teorias filosóficas, análoga à digestão de alimentos. Epiteto escreve:

> Do mesmo modo que as ovelhas não mostram o quanto comeram, trazendo a forragem ao pastor, mas, tendo digerido internamente o pasto, produzem lã e leite externamente, também tu não mostres os princípios filosóficos aos homens comuns, mas, após tê-los digerido, deixes que vejam os resultados (*Ench.*, 46).

Como assimilamos as teorias filosóficas? Uma maneira de assimilar informações é escrevê-las várias vezes, assim como os estudantes escrevem suas anotações de revisão várias vezes para ajudá-los a lembrar do conteúdo. Foi sugerido que as passagens frequentemente repetitivas dos cadernos que agora conhecemos como as *Meditações* de Marco Aurélio são um exemplo desse tipo de escrita. De fato, Epiteto aconselha que é precisamente assim que os filósofos devem se exercitar, ou seja, escrevendo doutrinas-chave todos os dias (*Diss.*, 1.1.25). Sêneca propõe outra estratégia. Ele sugere que, ao final de cada dia, devemos reservar um tempo para nos responsabilizarmos e revisarmos os eventos do dia. Devemos nos interrogar e perguntar se permanecemos fiéis aos princípios filosóficos que conscientemente defendemos, se superamos quaisquer maus hábitos e se resistimos a quaisquer desejos indesejados (*Ira*, 3.36.1-3). Em ambos os casos, tais exercícios devem ocorrer *depois* de deixarmos a sala de aula de filosofia, ou seja, depois de já termos estudado as doutrinas filosóficas que agora tentamos assimilar.

Pode-se levantar uma objeção neste ponto. Como veremos com mais detalhes nos capítulos subsequentes, os estoicos seguem Sócrates ao sustentar uma concepção unificada e monista da alma e uma explanação intelectualista da relação entre conhecimento e ação. Sócrates é famoso por asserir que a virtude é constituída pelo conhecimento, que se alguém sabe que x é correto, então necessariamente fará x. Isso, por sua vez, forma a base para a famosa negação de Sócrates da fraqueza de vontade: ninguém age mal voluntariamente e sempre age de acordo com o que acredita ser correto. Agora, se os estoicos são intelectualistas nesse sentido socrático, então certamente o domínio das doutrinas filosóficas na primeira etapa do plano de Epiteto seria suficiente por si só para gerar as ações filosóficas correspondentes. Se conhecemos as doutrinas e sabemos que são corretas, como poderíamos não atuar de acordo com elas? A segunda etapa de habituação, exercício e terapia da alma (como muitas vezes é descrita) deveria, para um intelectualista socrático, ser totalmente supérflua.

Há várias maneiras de responder a esse pensamento. Uma delas seria distinguir entre os estoicos antigos, que talvez tenham permanecido fiéis ao intelectualismo socrático, e os estoicos posteriores, que introduziram as ideias de exercício e terapia depois de terem abandonado a posição socrática. Contudo, esta não parece ser a maneira correta de resolver o problema, pois estoicos posteriores, como Sêneca e Epiteto, que utilizam os temas de exercício e terapia, ainda mantêm a teoria ortodoxa estoica das emoções, que pressupõe uma concepção monista e intelectualista da alma. Outra maneira de responder seria refletir mais acerca da maneira como o conhecimento é concebido aqui. Lembre-se, é o conhecimento que Sócrates considerava constituir a virtude. No início deste capítulo, vimos Epiteto apresentar a filosofia como uma arte, uma *tékhne*, e esse pensamento também apareceu na analogia médica crisipiana. Em várias discussões antigas das artes e dos ofícios, enfatiza-se que, para dominar uma arte, é necessário dominar tanto os princípios que sustentam a arte quanto passar por um período de treinamento prático. No caso de se tornar um médico, por exemplo, um estudante de medicina terá de completar um longo aprendizado depois de terminar seus estudos teóricos em sala de aula e antes de poder se qualificar como médico. Percebe-se que há duas etapas aqui – princípios teóricos e treinamento prático – e que essas são semelhantes às duas etapas que já encontramos em Epiteto. Para Epiteto, a filosofia é uma arte e o domínio dessa arte exigirá ambas as etapas de educação, assim como a arte da medicina.

A objeção de que, como intelectualistas socráticos, os estoicos não deveriam necessitar de exercícios ou terapia, pois o conhecimento deveria ser suficiente por si só, pressupõe que os princípios teóricos subjacentes a uma arte, por si só, constituem conhecimento. Em outras palavras, pressupõe-se que o conhecimento filosófico deva ser identificado com a maestria em doutrinas filosóficas. Porém, um estoico como Epiteto não concebe o conhecimento filosófico dessa forma. Por conceber a filosofia como uma arte, o conhecimento filosófico, assim como a maestria em uma arte ou ofício, exigirá *tanto* a maestria em doutrinas filosóficas *quanto* um período subsequente de treinamento ou exercício destinado a assimilar essas doutrinas. Para Epiteto, a maestria em doutrinas filosóficas por si só não constituirá conhecimento e, portanto, se alguém com tal maestria não atuar de acordo com elas, não atuará contra seu conhecimento. Poder-se-ia dizer que ele age contra as informações que reuniu, mas não contra seu conhecimento, pois, nesse momento, ele ainda não adquiriu nenhum conhecimento filosófico. Para adquirir genuíno conhecimento filosófico, ele terá, como qualquer outro aprendiz de artesão, de passar pela segunda etapa de treinamento para assimilar essas informações. Somente então ele atingirá o conhecimento concebido como conhecimento de uma arte. Nesse sentido, a segunda etapa da educação permanece essencial.

Contudo, Epiteto pode permanecer um intelectualista socrático enquanto mantém essa concepção de conhecimento filosófico, pois, como Sócrates, ele pode então argumentar que, uma vez que alguém tenha conhecimento filosófico, ele necessariamente informará seu comportamento. O sábio necessariamente atuará bem, assim como o mestre construtor necessariamente construirá boas casas (exceto em caso de intenção deliberada ou de influência externa).

De fato, essa objeção intelectualista à terapia estoica foi feita por Aristo, estoico heterodoxo, logo no início da história da escola (e relatada em Sêneca, *Ep.*, 94), fato que podemos considerar como prova de que tais terapias e exercícios eram características não apenas dos estoicos mais tardios, mas também dos primeiros estoicos. Aristo argumentava que os exercícios (na forma de preceitos morais gerais) não beneficiariam quem permanecesse na ignorância, pois sua ignorância turvaria seu juízo, enquanto os exercícios seriam supérfluos para quem estivesse livre da ignorância, pois tais indivíduos já saberiam o que fazer (*Ep.*, 94.11). É a segunda destas afirmações que forma a objeção intelectualista. Em sua resposta a essa objeção, Sêneca implicitamente chama a atenção para o fato de que apenas o sábio perfeito estará completamente livre da ignorância. A grande maioria de nós, no entanto, terá hábitos e emoções indesejados que dificultarão nossa assimilação dos princípios filosóficos. Sêneca também cita a opinião de Cleantes, contemporâneo de Aristo, que sustentava que essa segunda etapa da educação filosófica é "útil, mas incompleta se não for derivada da teoria geral" (*Ep.*, 94.4). Isso claramente antecipa a explanação em duas etapas que Epiteto faz da educação filosófica.

Assim, temos uma concepção de filosofia como arte ou ofício que, assim como outras artes e ofícios, têm como consequência duas etapas de educação: a primeira é um estudo do discurso filosófico; a segunda é um treinamento prático ou aprendizado concebido como um processo de habituação e assimilação. Como este modelo de educação filosófica em duas etapas se relacionaria com a divisão tripartida da filosofia em lógica, física e ética? Ora, se recordarmos que é o discurso filosófico que se divide nestas três partes, já estaremos parcialmente a caminho da resposta. Os três tipos de discurso filosófico – lógica, física e ética – formam o conteúdo da primeira etapa da educação filosófica. Assim, os alunos na sala de aula de Epiteto estudarão textos de cada um desses três tópicos de autores estoicos eminentes. E quanto à segunda etapa? Será uma prática unificada ou também se dividirá em partes? Para responder a esta questão, consideremos o que Epiteto chama os três *topoi* ou "áreas de estudo":

> Há três áreas de estudo nas quais é preciso que se treine uma pessoa que pretende ser nobre e virtuosa:
>
> [1] A que diz respeito aos desejos e às repulsas, para que ela não malogre na busca do que desejaria nem caia no que evitaria.
>
> [2] A que diz respeito ao impulso e ao refreamento, e, em geral, ao comportamento apropriado; para que ela atue com ordem, sensatez e não de forma negligente.
>
> [3] A que diz respeito à imunidade ao engano e aos juízos precipitados e, de forma abrangente, ao que diz respeito aos assentimentos (*Diss.*, 3.2.1-2).

Sugeriu-se que essas três áreas perfazem três tipos de exercício na segunda etapa da educação filosófica, os quais correspondem aos três tipos de discurso na primeira etapa. Seria elegante demais se correspondessem, o que torna a sugestão bastante atrativa. Contudo, deve-se observar que alguns estudiosos não estão convencidos e que há desacordo quanto à questão (cf., p. ex., Dobbin, 1998, p. 94). Com essa advertência em mente, veremos até que ponto é possível compreender essa sugestão. De início, deve-se enfatizar que a hipótese não é de que essas três "áreas de estudo" são idênticas às três partes da filosofia, mas sim que podem ser correlacionadas aos três tipos de discurso filosófico. Portanto, o desafio é demonstrar como elas efetivamente se correlacionariam aos três tipos.

A segunda área de estudos, que trata do impulso e do comportamento adequado, corresponde claramente à ética. Depois de os estudantes terem estudado a teoria estoica de atos adequados (de que se tratará no Capítulo 5), eles necessitarão do treinamento delineado pelo segundo tópico para auxiliá-los a pôr essa teoria em prática. Esta correlação é provavelmente a mais óbvia das três.

A terceira área de estudos, que trata do juízo e do assentimento, corresponde à lógica. Tanto o juízo quanto o assentimento (que examinaremos no capítulo 3) são assuntos centrais da epistemologia estoica, a qual faz parte da lógica estoica.

Resta a primeira área de estudos. Também resta a física. Por eliminação, a primeira área de estudos tem de corresponder à física, se a sugestão de que há uma correlação for se manter em vigor. A primeira área de estudos parece estar principalmente relacionada ao desejo e à aversão, e não é imediatamente óbvio como o treinamento em relação ao desejo e à aversão poria em prática a teoria física estoica. Contudo, existe uma conexão plausível. A primeira área de estudos é dedicada ao treinamento dos desejos e aversões, ou seja, tenta pôr em prática uma análise filosófica de o que se deve desejar e evitar. Compreender o que se deve desejar e o que se deve evitar envolverá a teoria física em dois níveis. No nível microscópico, envolverá uma análise fisiológica do organismo humano, do que será benéfico e prejudicial à sua constituição. Tal análise física nos dirá que, por exemplo, devemos desejar alimentos saudáveis e evitar venenos. No nível macroscópico, envolverá uma compreensão da ordem das causas no cosmos como um todo, para que se saiba quais seriam e quais não seriam resultados realistas do que se desejaria. Este tipo de análise física, que envolve a teoria do destino dos estoicos, nos dirá que, por exemplo, devemos desejar apenas eventos que sejam de fato resultados possíveis segundo a ordem das causas atualmente em jogo. Em outras palavras, se alguém perguntasse quais seriam as implicações práticas do estudo da física estoica, a resposta mais provável seria que um maior entendimento da forma como a natureza opera, tanto no nível individual quanto no cósmico, deveria ter consequências para o que consideramos objetos realistas de desejo e aversão. Nesse sentido, então, a primeira área de estudos é efetivamente um treinamento que se correlaciona com a teoria física estoica.

Se aceitarmos esta correlação, e como já mencionei, nem todos os estudiosos a aceitam, o que temos são três tipos de treinamento na forma dos três *topoi* ou "áreas de estudo" que constituem a segunda etapa do programa educativo de Epiteto, que reflete a divisão tríplice da primeira etapa em discursos lógicos, físicos e éticos.

Muito do estudo anterior baseou-se no material de Epiteto. É difícil determinar quanta inovação há nele, se é que há alguma, ou se reflete discussões mais antigas que os estoicos fizeram da estrutura interna da filosofia. Portanto, seria prudente hesitar antes de atribuir isso ao estoicismo como um todo. Dito isso, este material constitui o mais completo estudo estoico sobrevivente da natureza e da função da filosofia.

A NATUREZA INTER-RELACIONADA DO SISTEMA ESTOICO

Embora seja importante ressaltar a orientação prática da filosofia estoica e notar o papel exercido pelo treinamento ou exercícios em alguns dos textos estoicos tardios, não se deve perder de vista a inter-relação das três partes da filosofia estoica. A ênfase em assuntos práticos nos autores estoicos tardios tradicionalmente levou os comentadores a sugerir que houve um afastamento das preocupações com a lógica e a física em direção a uma preocupação quase total com a ética. A discussão na seção anterior demonstrou que a divisão entre o discurso filosófico e o treinamento ou exercício, de fato, atravessa todas as três partes tradicionais da filosofia, de modo que é possível falar de física prática e lógica prática ao lado da ética prática (representadas pelas três áreas de estudos), assim como ética teórica ao lado da lógica teórica e física teórica (os três tipos de discurso filosófico).

Assim, uma mudança de foco para assuntos práticos não necessariamente envolve priorizar uma das três partes da filosofia em detrimento das outras. É importante para os estoicos que assim seja, porque cada uma das três partes do sistema estoico é necessária para que sua filosofia subsista. Nenhuma parte pode ser adequadamente compreendida sem ao menos algum entendimento dos conceitos centrais desenvolvidos nas outras partes. Por exemplo, o objetivo ético de "viver de acordo com a natureza" dependerá naturalmente de ao menos algum entendimento das características da natureza, o domínio da física. De maneira similar, o objetivo ético de liberdade das emoções dependerá do entendimento dos conceitos epistemológicos de juízo e assentimento que dão origem às emoções, pertencentes ao domínio da lógica. Críticos antigos também entenderam isso; por exemplo, Sexto Empírico pensou que poderia minar o conceito estoico de uma arte de viver se pudesse mostrar que seu conceito epistemológico de uma "representação adequada" era questionável (*PH*, 3.242). Cícero faz seu expositor do estoicismo proclamar que o sistema estoico é uma coisa "tão bem composta, tão bem estruturada, tão bem combinada [...] de maneira que bastará a deslocação de uma letra para todo o edifício ruir" (*Fin.*, 3.74). Sem dúvida, este era precisamente o pensamento de Sexto; tudo o que ele precisava fazer era remover um tijolo da estrutura e todo o edifício poderia desabar. A inter-relação sistemática das três partes da filosofia estoica era uma força, mas também potencialmente uma fraqueza.

Embora se pudesse distinguir as três partes da filosofia em nosso discurso, na prática, seja essa especulação teórica, seja ação humana, é impossível que se separem por completo umas das outras. Conforme vimos, o processo de divisão é vital para os propósitos educacionais, mas Sêneca nos lembra que "dividi-la é, de fato, útil, mas fragmentá-la, não" (*Ep.*, 89.2). Essa estreita inter-relação entre as três partes da filosofia reflete uma unidade orgânica aludida nos famosos símiles de que tratamos antes; a filosofia é como um ovo ou é como um ser humano. A rejeição de Possidônio ao símile do campo fértil foi precisamente porque ele não capturava essa unidade orgânica da mesma maneira. De fato, se fôssemos mais precisos, deveríamos dizer que a filosofia propriamente dita é uma unidade orgânica, uma disposição orgânica e material da alma que pode transformar a maneira como vivemos. É apenas o discurso filosófico que pode ser dividido nas três partes, mas mesmo assim cada parte do discurso filosófico depende de conceitos que pertencem às outras partes.

No contexto da natureza inter-relacionada do sistema filosófico estoico, Epiteto, sempre orientado para a prática, insiste na necessidade do estudo da lógica (cf. *Diss.*, 1.17). Quando um de seus alunos interrompe e diz que estudar lógica é perda de tempo, pois isso não o ajudará a melhorar seu caráter, Epiteto responde dizendo como podemos esperar fazer isso, a menos que sejamos capazes de definir o que esperamos melhorar e sejamos capazes de distinguir entre verdade e falsidade. Em outro lugar (*Diss.*, 2.25), Epiteto responde a alguém que exige ser convencido da necessidade da lógica, dizendo que a única maneira de fazer isso é usando um argumento, então, se o questionador quer saber se a lógica é necessária ou não, ele deve primeiro ser capaz de julgar se esse argumento é válido ou não. Assim, a lógica é necessária até mesmo para responder à pergunta de se a lógica é necessária. Fica claro, portanto, que até mesmo os estoicos mais práticos reconheceram explicitamente a necessidade de uma parte potencialmente não prática do sistema estoico, como a lógica formal (cf. Barnes, 1997). É à lógica que nos voltaremos primeiro em nossa exposição do sistema estoico.

3
LÓGICA ESTOICA

A LÓGICA NA ANTIGUIDADE

Seguindo a divisão estoica do discurso filosófico em lógica, física e ética, iniciaremos pela observação da lógica estoica. Pelo termo "lógica" hoje, geralmente se entende a análise formal de argumentos. Embora esse tipo de raciocínio abstrato tenha sido uma parte importante da lógica na Antiguidade, a lógica antiga era muito mais ampla do que a sua contraparte moderna. "Lógica" traduz *logiké*, e *logiké* é aquela parte da filosofia que examina o *logos* – razão, linguagem ou argumento – em todas as suas formas, inclusive argumentos formais, argumentos retóricos, discurso, gramática, filosofia da linguagem e verdade (ou seja, epistemologia). O raciocínio abstrato formal que agora constitui a lógica era conhecido na Antiguidade como uma parte da dialética, e a dialética era apenas uma parte da *logiké*.

Para os estoicos, a lógica tinha duas divisões principais: a dialética e a retórica. Outros estoicos acrescentaram a definição e a canônica (epistemologia) como partes adicionais, e alguns adicionaram a canônica, mas não a definição (cf. DL, 7.41-3). Nas páginas seguintes, examinarei primeiro a dialética estoica, em seguida, o que poderíamos chamar de sua filosofia da linguagem e, finalmente, sua epistemologia. Deixarei de lado, contudo, suas discussões de retórica e seu importante trabalho que trata de gramática.

A DIALÉTICA ESTOICA

A lógica estoica não se saiu bem na história posterior. É justo dizer que a sua importância não foi compreendida de fato até bem recentemente pelo lógico polonês Łukasiewicz no começo do século XX (Bocheński, 1951, p. 80). As fontes mais antigas do nosso conhecimento da lógica estoica são Diógenes Laércio, Sexto Empírico (*PH*, 2; *M*, 8) e Galeno (sobretudo *Institutio Logica*).

Relata-se que o fundador do estoicismo, Zenão, estudou com o filósofo megárico Estilpo. Essa informação é relevante aqui porque o megárico tem uma reputação forte por seu trabalho em lógica (cf. Kneale e Kneale, 1962, p. 113-117). Dentre os lógicos megáricos famosos estão Euclides (fundador da escola megárica), Eubúlides (criador de muitos paradoxos famosos, tais como o do mentiroso e o sorites), e Filo (colega de Zenão como aluno de Estilpo). A educação de Zenão na lógica megárica sem dúvida se mostrou uma influência decisiva no desenvolvimento inicial da lógica estoica. O filósofo estoico mais estreitamente associado à lógica estoica, contudo, é Crisipo e parece provável que Crisipo contribuiu muito para moldar a lógica estoica como a conhecemos. Aliás, sugeriu-se que a envergadura de Crisipo, como lógico, rivaliza até com a de Aristóteles.

Antes de discutir diretamente a lógica estoica, pode ser útil começar com uma explicação breve da lógica de Aristóteles, pois essa explicação nos tornará aptos para ver em que a lógica estoica e a aristotélica diferem uma da outra. Observem o seguinte argumento:

> Todo ser humano é animal;
> Todo animal é mortal;
> Logo, todo ser humano é mortal.

Este tipo de argumento se chama "silogismo" e a famosa conceituação que Aristóteles faz do silogismo está no livro *Primeiros analíticos*. A última linha (a conclusão) se segue necessariamente das duas primeiras linhas (as premissas). Caso se aceite que as duas premissas são verdadeiras, deve-se aceitar necessariamente que a conclusão é verdadeira. Assim é porque a estrutura formal do argumento é o que se chama de "válida". Caso se substitua os termos no argumento por letras, a estrutura formal ficará mais clara:

> Todo A é B;
> Todo B é C;
> Logo, todo A é C.

Todo argumento que tiver essa forma, independentemente do que as letras substituírem, será um argumento válido. Por exemplo:

> Toda banana é fruta;
> Toda fruta é roxa;
> Logo, toda banana é roxa.

Este argumento ainda é válido em sua forma lógica, ainda que se duvide da verdade de uma de suas premissas. A conclusão se segue necessariamente das premissas e, caso se aceite que as duas premissas são verdadeiras, ter-se-ia de aceitar que a conclusão é verdadeira. Esta forma de argumento (todo A é B; todo B é C; logo, todo A é C) é um exemplo de um silogismo aristotélico. Outros exemplos incluem:

> Toda banana é fruta;
> Algumas bananas são verdes;
> Logo, algumas [coisas] verdes são fruta.

(Todo A é B; algum A é C; logo, alguns C são B.)

> Nenhuma fruta é preta;
> Todo carvão é preto;
> Logo, nenhum carvão é fruta.

(Nenhum A é B; todo C é B; logo, nenhum C é A.)

Como se pode ver, a lógica aristotélica faz uso de quatro termos lógicos básicos: "todo", "algum", "é/são", e "não é/são" (ou "nenhum").

Há muitas outras características da lógica silogística de Aristóteles que também é preciso observar. Uma dessas características é a lógica aristotélica dizer respeito exclusivamente a termos universais. Por conseguinte, o conhecidíssimo exemplo "Sócrates é homem; todo homem é mortal; logo, Sócrates é homem" não é um silogismo de verdade porque "Sócrates" é um particular, não um universal. Outra característica é que, quando esses argumentos são formalizados, as letras são usadas para substituir os termos. Isso se tornará importante em breve.

Por ora, observe-se outros tipos de argumento. Pegue-se este exemplo:

> Se chover esta tarde, então não sairei para caminhar;
> Chove esta tarde;
> Logo, não sairei para caminhar.

Como com os exemplos anteriores, é possível formalizar esse argumento assim:

> Se p, então q;
> p;
> Logo, q.

Esse é um exemplo de silogismo estoico. Percebe-se que, ao contrário dos silogismos aristotélicos, as letras não substituem os termos ("ser humano", por exemplo"), e sim proposições ("se chover esta tarde"). Estas proposições são chamadas de "asseríveis" (*axiōmata*).

Um asserível é um exprimível completo, e vamos tratar dos exprimível na próxima seção. Os asseríveis podem ser tanto verdadeiros, quanto falsos (DL, 7.65). De fato, a capacidade de ser verdadeiro ou falso é uma característica importante dos asseríveis. O seu valor de verdade pode mudar também com base em quando são asseridos. Então, o asserível "é noite" será verdadeiro quando for noite, mas não o será quando for dia (DL, 7.65). Eles também podem ser ou simples, ou complexos (literalmente: "não simples"); um exemplo de um asserível simples seria "é noite", ao que "se é noite, está escuro" seria um asserível complexo porque contem em si mesmo mais do que um asserível simples. Os estoicos catalogam tipos diferentes seja de asserível simples, seja de asserível complexo (DL, 7.69-74). Exemplos deste seriam afirmação e negação; exemplos daquele seriam condicionais e conjunções. No nosso exemplo anterior, a primeira premissa é complexa ("se chover esta tarde, não sairei para caminhar", ao passo que a segunda é simples "Chove esta tarde"). Também se pode distinguir os asseríveis de acordo com a sua modalidade – se são possíveis, impossíveis, necessários ou não necessários – e aqui os estoicos provavelmente desenvolveram as investigações pregressas do megáricos nesta área, sobretudo a obra de Diodoro Crono.

Como se viu, os silogismos estoicos são construídos com base em asseríveis em vez de com base em termos. No primeiro exemplo apresentado, as letras p e q substituíam proposições em vez de palavras individuais como o faziam nos silogismos aristotélicos. As fontes antigas (cf. Sexto Empírico, *M*, 8.227, p. ex.) sugerem que os próprios estoicos preferiam usar números ordinais quando formalizavam argumentos:

> Se o primeiro, o segundo;
> O primeiro;
> Logo, o segundo.

Ainda que formalizadas desta maneira, uma estrutura argumentativa qual a anterior era conhecida como um "modo" – e em rigor um "modo" (*tropos*) não é um argumento em si, e sim a forma estrutural de certo tipo de argumento que aqueles argumentos específicos podem ter. Assim como Aristóteles esboçou múltiplas formas diferentes para argumentos válidos, os estoicos forneceram múltiplos tipos de argumento. Em particular, eles propuseram cinco silogismos básicos "indemonstrados" ou "indemonstráveis" (*anapodeiktos*) aos quais se poderia reduzir todos os outros (cf. Sexto Empírico, *PH*, 2.157-158). Em razão de se ter considerado que os cinco argumentos básicos eram obviamente válidos, eles não precisavam de nenhuma demonstração adicional. São eles:

1)	Se p, então q; p; logo, q.	(*modus ponendo ponens*)
2)	Se p, então q; não q; logo, não p.	(*modus tollendo tollens*)
3)	Não p e q; p; então, não q.	
4)	Ou p ou q; p; logo, não q.	(*modus ponendo tollens*)
5)	Ou p ou q; não q; logo, p.	(*modus tollendo ponens*)

Como se pode ver, cada um dos cinco silogismos não demonstrados tem um asserível complexo como sua primeira premissa, e um asserível simples como a sua segunda premissa. Eles fazem uso dos conectivos lógicos "se", "e" e "ou". Um argumento que envolve um "se" é conhecido como condicional; argumentos que envolvam "e" ou "ou" são conhecidos como conjunções ou disjunções respectivamente. Note-se também o uso de "não" para a negação. Assim, enquanto os silogismos aristotélicos dependem de quatro termos lógicos centrais – "todo", "algum", "é" e "não é" –. os silogismos estoicos têm seu próprio conjunto de quatro termos centrais: "se", "e", "ou" e "não".

Para dar uma ideia de como uma gama muito mais ampla de argumentos pode ser extrapolada desses cinco tipos básicos, nós nos concentraremos brevemente no primeiro tipo: "se p, então q; p; logo, q". Neste exemplo, a primeira premissa, um asserível complexo, contém dois asseríveis simples, ambos afirmativos. No entanto, um ou ambos poderiam igualmente ser negativos. Assim, além de "se p, então q", essa premissa inicial poderia alternativamente ser "se não p, então q", ou "se p, então não q" ou "se não p, então não q". Isso de imediato nos dá quatro versões ligeiramente diferentes do primeiro argumento indemonstrado. Permutações semelhantes também são possíveis para os outros quatro argumentos indemonstrados.

Diante de um argumento que não tivesse a forma de um dos cinco argumentos indemonstrados, a tarefa será mostrar como ele poderia ser reduzido a um desses cinco tipos. Dever-se-á executar essa tarefa de acordo com um conjunto de princípios lógicos que os estoicos chamaram de "*thémata*" ou "regras fundamentais", as quais, segundo se diz, são quatro. Quem se deparar com um argumento e quiser testar a validade deste, deve usar as *regras fundamentais* para reduzir a estrutura dele à de um (ou a uma combinação) dos cinco argumentos indemonstrados, cuja validade é intuitivamente óbvia.

Sem mergulhar nas complexidades dos argumentos silogísticos estoicos, pode-se ver que diferem consideravelmente dos argumentos silogísticos aristotélicos. Enquanto os silogismos aristotélicos tratam de termos, os silogismos estoicos tratam de proposições. Ademais, esses dois sistemas antigos de lógica tratam de tipos de argumentos assaz diferentes e podem ser vistos como complementares. Na Antiguidade, contudo, eles eram vistos por vezes como sistemas rivais.

Filosofia da linguagem

A lógica formal ou "dialética" é somente uma parte do estudo do *lógos*. Outra parte seria mais bem descrita como a filosofia da linguagem. A explicação estoica da linguagem está vinculada estreitamente à ontologia estoica (consulte o capítulo 4 para mais acerca da ontologia), o que reflete a natureza inter-relacionada de seu sistema. Aqui, tudo que se deve ter em mente é que os estoicos são materialistas que afirmam que tão somente corpos físicos existem. Como tais materialistas explicariam a linguagem?

A teoria estoica da linguagem começa com a voz ou proferimento (*phōnē*). A vocalização é um movimento físico do ar causado pela boca. Tem de ser alguma coisa física porque ela pode ser uma causa e (como se verá no capítulo 4) somente corpos podem ser causas. O proferimento de um animal é apenas um barulho; a voz dos humanos é uma coisa articulada (cf. DL, 7.55-6). Como uma coisa articulada, não é mais simples voz, e sim discurso (*lexis*).

Considere-se o exemplo de alguém que diz "aqui está Sócrates". As palavras faladas são puramente físicas, o movimento do ar causado pela boca. Outro elemento puramente físico é o próprio Sócrates, a coisa a que o enunciado se refere. Há também um terceiro elemento e este não é físico: o significado ou sentido do que é falado, a saber, que Sócrates está aqui. O significado ou sentido expresso pelo ato de fala físico é um "exprimível" (*lekton*). Para os estoicos, "exprimíveis" são um de quatro tipos de entidades que eles classificam como "incorpóreos" (*asômata*). Eles não são corpos e, por isso, não existem, mas são em algum sentido reais, então diz-se que "subsistem". Sexto Empírico relata o seguinte:

> Os estoicos afirmaram que três coisas se conjugam mutuamente: o significado, o significante e a coisa que existe, dos quais o significante é o proferimento, como o proferimento "Dion"; o significado é a própria coisa indicada por ela e que nós compreendemos que subsiste em razão de nosso intelecto, enquanto os estrangeiros não a compreendem, ainda que ouçam o proferimento, e a coisa que existe é objeto externo, como o próprio "Dion". Destes, dois são corpos, como o proferimento e a coisa que existe, e um é incorpóreo, o significado em si, que é exprimível, o qual se torna verdadeiro ou falso (*M*, 8.11-12).

Assim, se eu ouvisse uma pessoa falar uma língua que eu não conhecesse (japonês, p. ex.), embora ela emitisse um proferimento físico, eu não seria capaz de compreender o *significado* do que ela dissesse. A causa física, o movimento do ar produzido pelo proferimento dela, continuaria presente, mas ainda assim não comunicaria nada a mim. Isto ilustra a distinção estoica entre voz e discurso, entre proferimento e o que é dito. Um exemplo melhor, contudo, seria alguém declamar um poema absurdo que *ninguém* pudesse entender. Nesse caso, haveria certamente um proferimento, mas nada seria expresso. Os proferimentos não seriam proferimentos de um exprimível, de alguma coisa com significado ou com sentido.

Então, um exprimível é aquilo que é expresso por um proferimento que tem significado. Nem todo exprimível, contudo, tem significado em um sentido útil. Os estoicos traçam uma distinção entre exprimíveis completos e incompletos. Um exemplo de exprimível incompleto seria "… anda"; enquanto "Sócrates anda" seria um exprimível completo que efetivamente diz alguma coisa sem que haja necessidade de pedir mais informações (cf. DL, 7.63).

A situação ontológica dos exprimíveis levou os estoicos a múltiplas posições paradoxais de que os seus críticos tiravam proveito avidamente. Por exemplo, em rigor "ser sábio" não é bom segundo os estoicos, ainda que a sabedoria obviamente o seja. Sêneca fornece a explicação estoica padrão disso, ainda que ele próprio não esteja disposto a adotá-la:

> Dizem os nossos que tudo quanto é o bem é um corpo, porquanto tudo quanto é o bem age, e tudo quanto age é um corpo. […] Eles dizem que a "sabedoria" é o bem; são consequentemente obrigados a considerá-la corpórea. Quanto a "ser sábio" entendem que não existe a mesma condição. Trata-se aqui de uma coisa incorpórea, de um acidente de outra coisa que é a "sabedoria". Assim sendo, "ser sábio" não tem nenhuma ação. (*Ep.*, 117.2-3)

O próprio Sêneca não tem tempo para esse tipo de minúcia linguística e aceita com prazer uma compreensão mais prática da expressão "ser sábio". Contudo, essas explanações da linguagem que contrariam as expectativas são uma consequência da ontologia rigorosamente materialista dos estoicos. Para eles, o significado ou o sentido, inclusive o significado ou o sentido da expressão "ser sábio", literalmente não existe, pois somente corpos existem. Por que, então, eles sentiram a necessidade de postular esses exprimíveis?

Em um nível, pode-se dizer que os estoicos especificamente não postularam exprimíveis. Todos reconhecem que as palavras que falam têm significado e que uma explanação da comunicação humana não pode depender tão somente de proferimentos. Isto é claro no exemplo anterior em que ouvi proferimentos de uma pessoa que falava em japonês, mas não entendi o *significado* daqueles proferimentos. Então, uma distinção entre proferimento e significado parece positivamente de acordo com as expectativas e não estaria de modo algum restrita aos estoicos.

O que talvez seja único à posição estoica é a sua rejeição do significado como uma coisa que existe. Como incorpóreos, exprimíveis somente subsistem. Retornar-se-á a essa distinção no capítulo quatro, mas, nessa altura, talvez valha a pena perceber a estranheza dessa afirmação. Se os exprimíveis não são corpos, então não podem atuar nem sofrer atuação. Assim, o significado de um proferimento – tal como "cuidado, a árvore cairá" – em rigor não deveria causar nenhuma reação em mim porque somente corpos podem ser causas, e exprimíveis não são corpos. Em suma, o significado de toda a linguagem não tem absolutamente nenhuma eficácia causal, segundo os estoicos.

Então, se alguém grita "cuidado, a árvore cairá" e eu me afasto da árvore, como os estoicos poderiam explanar o processo causal em funcionamento aqui? Bem, eles supostamente o fariam ao dizer que o proferimento físico emitido pela pessoa que gritou causou sons na forma de um movimento de ar, os quais, então, colidiram na minha orelha, colisão esta que, por sua vez, causou uma impressão na minha alma e que o meu assentimento à impressão causou o meu afastamento. Em outras palavras, a explicação causal ocorrerá apenas com respeito a corpos (ou a modificações de corpos, no caso de uma impressão na minha alma física). Mas o *significado* do que foi dito não vai constar na explicação causal.

Qual é a relação entre os exprimíveis e os pensamentos? Certamente, não se quererá dizer que os *pensamentos* não têm impacto causal. Um pensamento será uma disposição da alma material e, portanto, uma coisa material. Assim, os pensamentos são claramente distintos dos exprimíveis incorpóreos e podem ser causas. Mas se um exprimível é dito, então também têm de ser pensado, mesmo que somente pela pessoa que o diz. O significado transmitido pelo proferimento de alguém refletirá no significado de seu pensamento, mas o proferimento e o pensamento serão ambos entidades materiais, distintas de seu significado ou conteúdo.

Para além de sua explanação do significado na teoria dos exprimíveis, os estoicos tiveram amplos interesses na linguagem, que iam de retórica aos detalhes de gramática. Os estoicos também são famosos por um interesse em etimologia, e Crisipo talvez tenha cunhado o termo (cf. DL, 7.200). Estavam igualmente interessados em questões de interpretação poética e diz-se que Crisipo tentou conciliar a mitologia grega tradicional com a sua própria teologia, a qual, como se verá, é no fundo a sua física (cf. Cícero, *ND*, 1.41). Assim, os estoicos estavam interessados em interpretações alegóricas nas quais histórias ou figuras míticas tradicionais eram apresentadas como processos ou elementos da natureza. Esses dois interesses se uniram nas explanações etimológicas que os estoicos fizeram dos nomes dos deuses tradicionais, e isto pode ser visto na obra de Cornuto no século I da Era Comum. A condição precisa desses interesses alegóricos e etimológicos, entretanto, foi objeto de discordância entre estudiosos.

Epistemologia estoica

Até agora, silogismos, asseríveis e exprimíveis foram examinados. Pode-se dizer que se trabalhou de trás para frente; começou-se por argumentos completamente lógicos, passou-se por proposições em argumentos, chegou-se ao conteúdo linguísticos dessas proposições. Mas, por trás de tudo isso, está o processo pelo qual o indivíduo consegue conhecimento que pode formar o conteúdo das proposições. Por isso, concentrar-se-á agora em epistemologia, a saber, teoria do conhecimento.

O ponto de partida da teoria estoica do conhecimento é a representação (*phantasía*). Uma representação é literalmente uma impressão na alma (DL, 7.45), parecida com a maneira como um selo causa uma impressão em um pedaço de cera (embora de maneira não tão literal, sugeriram os estoicos posteriores, para explicar como novas representações são impressas por cima das anteriores cf. DL, 7.50). Enquanto se supõe que a maioria das representações vem da sensação, e assim se poderia caracterizar *grosso modo* os estoicos como empiristas em epistemologia, eles também reconhecem representações recebidas da mente que são o produto do raciocínio (DL, 7.51). E, como empiristas posteriores, eles negam a presença de todo conhecimento inato por meio de afirmações como a de que, ao nascer, a mente humana é um papel branco (Aécio, 4.11.1), embora este seja um assunto ao qual se regressará na próxima seção.

Assim que uma representação é recebida, ela é transformada em uma proposição. Então, a representação de um homem sentado debaixo de uma árvore é apresentada à mente como uma proposição tal como "há um homem sentado debaixo da árvore". A mente então aceita ou rejeita essa proposição. Este é o ato de assentir (*sunkatathesis*). Considere-se um exemplo desse processo, um exemplo que é usado para ilustrar um fragmento do livro cinco das *Diatribes* de Epiteto que está preservado em uma explicação feita pelo autor latino Aulo Gélio (*NA*, 19.1.1-21).

Gélio reconta esta história. Fazia ele uma jornada pelo mar na companhia de um filosófico estoico. Na viagem marítima, eles encontraram uma tempestade, que se tornava cada vez mais violenta. Conforme a tempestade piorava e os passageiros ficavam com cada vez mais medo, Gélio voltou a vista onde o filósofo estoico estava, para ver como este homem sábio mantinha a compostura durante este momento de perigo. Ele ficou decepcionado, contudo, com o que viu, pois o filósofo estoico aparentava estar tão apavorado quanto todo mundo abordo; lá se vai a filosofia estoica como um antídoto para emoções indesejadas como o medo. Depois que a tempestade passara, Gélio voltou a vista onde o filósofo estoico estava e lhe perguntou por que ele parecia tão apavorado, dado que, como um adepto do estoicismo, ele supostamente alegou ser indiferente a todas as circunstâncias externas e ter superado as emoções. Em resposta à pergunta, o filósofo estoico procedeu a tirar de sua bolsa uma cópia do (hoje perdido) volume cinco das *Diatribes* de Epiteto e a indicar para Gélio um excerto que, em seu ver, explicaria o seu medo aparente.

De acordo com a explicação de Aulo Gélio, o excerto de Epiteto dizia o seguinte. Argumentava que as representações que os seres humanos recebem, que apresentam a eles objetos externos não estão sob nosso controle. Os seres humanos não têm o poder de as escolher; em vez disso, elas se impõem a eles. Contudo, os seres humanos têm o poder se escolher se assentem a essas representações ou não. Em uma situação como a da tempestade no mar, todavia, até a mente do sábio estoico será abalada pelas representações que recebe contra a vontade. Em uma discussão interessante da explicação de Gélio, Agostinho glosa esse argumento ao dizer que é como se a emoção resultante fosse rápida demais para a mente (*De Civitate Dei*, 9.4.2). Contudo, ainda que o filósofo estoico pudesse ser brevemente abalado pela força da súbita representação, ele não assentirá à representação. Em vez disso, manter-se-á firme, rejeitará a representação de que alguma coisa terrível ocorre e afirmará que nada ruim ocorreu. Já os outros passageiros na tempestade assentirão acriticamente à representação de que alguma coisa terrível acontece. Foi por referir Gélio a uma explanação desse tipo em Epiteto que o filósofo estoico tentou explicar o seu medo aparente durante a tempestade. Embora o filósofo possa ter sido momentaneamente abalado pelo que pareceu medo, conforme a representação se impôs à mente dele, ele não deu o seu assentimento àquela representação quando teve a oportunidade de a examinar adequadamente. Por conseguinte, ele não formou uma emoção genuína de medo, apenas vivenciou um "primeiro momento" (cf. Sorabji, 2000, p. 66-75).

Este exemplo ilustra bem a natureza da relação entre representações e assentimento. Ele difere, todavia, do exemplo com que se começou de uma maneira importante. Retome-se o exemplo do homem que senta em baixo da árvore. Caso nos deparássemos com tal homem, teríamos a representação deste estado de coisas e essa representação seria apresentada à nossa mente na forma da proposição "há um homem sentado debaixo da árvore". Assentiríamos a essa proposição ou a rejeitaríamos. No caso da tempestade no mar, todavia, outra coisa ocorrera antes de recebermos a proposição. Se estivéssemos no barco com Aulo Gélio, então o que efetivamente receberíamos por meio da representação seria a imagem de uma onda imensa prestes a cair em nossa cabeça. É claro, porém, na discussão de Aulo Gélio que as proposições a que se assente ou se rejeita não são da forma "há uma onda em cima da minha cabeça", e sim "há uma onda em cima da minha cabeça e *isso é terrível*". Os passageiros apavorados assentiram a uma proposição parecida com essa segunda e é foi uma coisa assim que abalou brevemente o filósofo estoico, ainda que ele se recusasse a assentir a ela mais tarde. É claro, contudo, que o filósofo estoico assentiria com prazer à preposição anterior "há uma onda em cima da minha cabeça".

Então, precisamos acrescentar mais uma etapa à nossa explanação. Primeiro, há a percepção de um evento externo ou de um estado de coisas, tal como o homem sentado em baixo de uma árvore ou a onda acima de nossas cabeças. Segundo, há (em algumas circunstâncias) um juízo de falou quase involuntário e aparentemente inconsciente que se faz acerca do conteúdo da percepção, tal como "isso é terrível". Terceiro, há a apresentação à mente consciente de uma representação na forma de uma preposição que é composta *tanto* dos dados dos sentidos recebidos de fora *quanto* do juízo de valor inconsciente. Por fim, há o ato de assentir ou de rejeitar a representação.

Em explanações usuais de epistemologia, a preocupação principal é determinar o que é e o que não é uma fonte fiável de conhecimento. A preocupação é com a fiabilidade dos sentidos, por exemplo. Assim, é comum que os exemplos sejam assaz insossos, como, por exemplo, a pergunta de se há realmente um homem sentado debaixo de uma árvore ou não. A vida real, todavia, raramente é tão desinteressante. O exemplo de Gélio é importante porque mostra como os atos de assentir aos sentidos estão intimamente vinculados aos juízos de valor que fazemos acerca da informação que recebemos dos sentidos. As pessoas assentem, regularmente, às proposições que tratam de eventos que incluem juízos de valor implícitos: "a morte dele foi terrível"; "gostaria que isso não tivesse acontecido"; "a entrevista não correu bem". Para os estoicos, entretanto, cada evento externo é em rigor uma questão de indiferença; esses eventos não podem nunca ser inerentemente bons ou ruins (retomaremos isso no capítulo cinco). Então, sempre que alguém assente a uma representação de um estado de coisas externo que contem alguma forma de juízo de valor, comete um erro epistemológico. Marco Aurélio defende essa tese com o uso da expressão "primeiras representações" para se referir a uma percepção antes de um juízo de valor inconsciente ter sido acrescido à percepção:

> Não diga para si mesmo outra coisa além do que suas primeiras representações relatam. Você foi informado de que fulano de tal está difamando você. Esse é o anúncio. Mas você não foi informado que dano sofreu. Vejo que meu filho está doente. É isso que vejo. Mas não vejo que ele esteja em perigo. Portanto, mantenha-se sempre assim nas suas primeiras representações e não acrescente conclusões de seus próprios pensamentos [...] (*Med.*, 8.49).

Quando nos deparamos com uma representação que contém um juízo de valor, devemos rejeitá-la como falsa. Assim, devemos rejeitar representações como "há uma onda em cima da minha cabeça *e isso é terrível*". E quanto à representação mais simples "há uma onda em cima da minha cabeça"? Claro que não podemos aceitar essa representação como confiável simplesmente porque não contém um juízo de valor. Os estoicos ainda precisam explanar como podemos distinguir entre representações verdadeiras e falsas dentre esses tipos de exemplos mais insossos.

Como se viu, representações podem ser verdadeiras ou falsas. Pode-se assentir tanto a representações verdadeiras, quanto às falsas. No primeiro caso, ter-se-ia uma crença verdadeira; no segundo, ter-se-ia cometido um erro. Como se sabe, contudo, quais representações são verdadeiras, em razão do que mereceriam o assentimento, e quais são falsas? Os estoicos caracterizam representações verdadeiras como representações "adequadas" ou "cognitivas" (*kataleptiké*). Este termo é notoriamente difícil de traduzir; é literalmente uma representação "apreensiva". A tarefa epistemológica, por conseguinte, será aprender como reconhecer representações adequadas quando se deparar com elas.

Uma representação adequada define-se como aquela que provém do "*que é*", que concorda com o "*que é*" e que se imprime de tal maneira que não poderia provir do que não é (cf. DL, 7.50). Aqui, supõe-se naturalmente que o "*que é*" refere-se a um objeto real e existente, embora possa ser mais preciso dizer que o "*que é*" refere-se a um fato em vez de a um objeto (cf. Frede, 1999, p. 302). Uma representação adequada é uma representação tão clara, vívida e distinta que ela própria é a garantia de sua exatidão. À primeira vista, isso soa um pouco como a noção de Descartes de uma "ideia clara e distinta", e alguns sugeriram que esses dois conceitos compartilham algo em comum (cf. Brooke, 2004, p. 94). No entanto, ao contrário das ideias claras e distintas de Descartes, as representações adequadas dos estoicos são exemplos de cognição *empírica* em vez de cognição *a priori*. Mas como se poderia entender uma representação *empírica* que pudesse garantir sua própria exatidão? Sugeriu-se que isso deve ser entendido sob a ótica da história causal da representação – em outras palavras, com referência ao estado físico de todos os objetos envolvidos em sua produção. Assim, se os órgãos sensoriais de alguém, o objeto em questão e todas as outras variáveis envolvidas não estiverem obstruídos ou em estado anormal, então a representação resultante será uma representação adequada (cf. Frede, 1983, p. 71-2). Isso soa como algo que se poderia verificar. Poder-se-ia examinar a história causal de uma representação e observar se algo pode ter interferido em sua produção. Se nada tiver interferido, então poder-se-ia aceitar que a representação é adequada. Mas, naturalmente, o cético poderia simplesmente responder que todas as representações usadas para testar a representação inicial também precisariam ser testadas para garantir que fossem confiáveis, e assim por diante *ad infinitum*. Isso já não soa como se lidássemos com representações que são sua *própria* garantia de exatidão.

Como se conceberia, então, uma representação adequada que realmente garantisse a *própria* veracidade? O que os estoicos tentam sugerir com esse conceito é algo que não exigirá nenhuma prova adicional nem justificativa para além de si mesma, algo que pode formar a fundação para todo o conhecimento humano. Há algum exemplo indiscutível dessas representações? De fato, Epiteto fornece justamente um exemplo. Ele sugere que se deveria tentar assentir à proposição "é noite" (cf. *Diss.*, 1.28.2-3) no meio do dia. Ele afirma que é simplesmente impossível fazer isso de boa-fé. A representação que se recebe e que diz que é dia, conforme o Sol do meio-dia queima a cabeça, é simplesmente forte demais para que se negue. Poder-se-ia dizer que essa representação simplesmente *exige* o assentimento. Poder-se-ia, nos confins de uma biblioteca, considerar a possibilidade de que essa representação é meramente um truque de um gênio maligno ou de um jogo de computador sofisticado, mas, uma vez do lado de fora, no sol, o poder avassalador da impressão implica que ninguém se recusará a assentir à representação de que "é dia". Aqui se tem um exemplo de uma representação adequada, de cuja veracidade não se exige nenhuma prova nem nenhuma justificativa. Se, por outro lado, se descobrisse que se *poderia* assentir à proposição oposta "é noite", isto seria suficiente para que se duvidasse da veracidade da representação e para que se retivesse o assentimento.

A veracidade da representação "é dia" é incontestável quando de fato é dia, pelo menos ao meio-dia, se não ao nascer e ao pôr do sol. Haverá, naturalmente, sempre ocasiões excepcionais, como eclipses, mas estes são exemplos de representações cuja história causal foi interrompida e nas quais informações adicionais acerca do contexto e afins podem corrigir qualquer confusão. Naturalmente, a veracidade de muitas outras representações não será tão imediatamente óbvia. De fato, o cético poderia argumentar que a vasta maioria de nossas representações estará longe de ser tão obviamente verdadeira. Mas o estoico pode responder que, com o tempo, torna-se possível desenvolver certa habilidade para reconhecer representações adequadas. Pode-se não ser infalível inicialmente, mas, com o tempo, poder-se-á tornar-se altamente preciso com certos tipos de representações, assim como um afinador de pianos treinado pode regularmente reconhecer sons particulares pelo ouvido a ponto de raramente, ou nunca, cometer um erro. Não temos uma faculdade perceptiva infalível, nem as representações adequadas vêm com uma característica especial que imediatamente as distingue, mas, ainda assim, é possível distinguir representações adequadas daquelas que são falsas. Contudo, em alguns casos, como o de ser dia, a habilidade não será uma questão e qualquer um poderá com segurança assentir a uma representação sabendo que ela é adequada.

Cada ato de assentimento a uma representação adequada poderia ser mais bem descrito como um exemplo de cognição (*katalēpsis*). Todavia, não se trata, em rigor, de um exemplo de conhecimento. Para os estoicos, o conhecimento (*epistēmē*) é algo muito mais substancial; trata-se de um sistema organizado e estruturado de assentimentos a representações adequadas, algo próximo do que hoje denominaríamos conhecimento científico sistemático. Como seria de se esperar, esse tipo de conhecimento sistemático, abrangente e coerente, é reservado apenas para o sábio. Relata-se que Zenão ilustrou a distinção entre cognição e conhecimento por meio de um gesto: estendeu a mão com os dedos abertos e disse: "é deste modo a representação"; em seguida, fechou os dedos e disse: "o assentimento, deste modo"; depois, apertou os dedos a formar um punho e disse: "esta é a cognição (*katalēpsis*)"; finalmente, cerrou a outra mão no punho e disse: "tal era o conhecimento, do qual ninguém a não ser o sábio é detentor" (Cícero, *Acad.*, 2.145). O conhecimento, para os estoicos, portanto, não é tão fácil de obter, mas a cognição é algo que qualquer um pode alcançar. Eu posso, por exemplo, assentir a uma série de representações adequadas relacionadas ao movimento e à posição do sol, da lua e dos planetas no céu noturno. Cada uma dessas será uma cognição. Mas reunir todas essas cognições em uma unidade sistemática e *compreender* como se relacionam entre si, de modo que eu tenha uma compreensão adequada do funcionamento do sistema solar, é algo completamente diferente e significativamente mais difícil de alcançar.

Embora esse tipo de conhecimento sistemático pudesse estar reservado para o sábio, como vimos, qualquer pessoa pode alcançar a cognição ao assentir a uma representação adequada. Para os estoicos, a representação adequada constituía o critério da verdade (DL, 7.54). Na Antiguidade, a alegação de que existia tal critério da verdade recebeu muita crítica, sobretudo dos membros da Academia de Platão, que naquela época aderiam a uma forma de ceticismo. O debate subsequente entre os estoicos e os céticos acadêmicos acerca desse tema foi um dos pontos altos no debate interescolar na filosofia antiga. Somos afortunados por termos um relato dessa disputa filosófica no diálogo de Cícero, *Acadêmicas*. O argumento principal dos filósofos acadêmicos, pessoas como Arcesilau e Carnéades, era de que sempre se correria o risco de confundir uma representação falsa com uma representação adequada: "[Arcesilau] aplicou-se, porém, a essas disputas, para que ensinasse que nenhuma representação procedente do verdadeiro é tal que a representação procedente do falso não possa ser também da mesma natureza" (*Acad.*, 2.77).

Suponhamos que nos deparamos com duas representações muito semelhantes, uma exata e outra não. Como escolher entre as duas? A qual delas devemos assentir? O problema para os estoicos, segundo os céticos acadêmicos, reside no fato de que, se as representações adequadas forem elas próprias o critério da verdade, não haverá nada exceto elas a que se possa recorrer ao tentar distingui-las das representações falsas. Se as representações adequadas devem ser o critério da verdade para os estoicos, então elas devem ser verdadeiras de modo evidente por si mesmas. Não deveríamos ter de recorrer a nada mais para podermos distingui-las das representações falsas. Se as representações adequadas não *puderem* exercer essa função, se *tivermos* de recorrer a algo senão as representações adequadas para reconhecê-las, então essa base da epistemologia estoica será solapada e todo o sistema filosófico deles ruirá.

Sexto Empírico relata que, para superar esse problema, estoicos posteriores enfatizaram que as representações adequadas refletem com precisão os objetos somente se não houver obstáculos (cf. *M*, 7.253). Como vimos, a ideia é que, se os órgãos sensoriais de alguém, o objeto em questão e todas as outras variáveis envolvidas não estiverem obstruídos ou em estado anormal, então a representação resultante é uma representação adequada. Contudo, isso implica que os estoicos reconheceram que, nessas circunstâncias em que um desses elementos estiver em estado anormal, é possível confundir uma representação falsa com uma representação adequada. Mas, para que a sua epistemologia se mantenha, terão de argumentar que isso não é uma ocorrência típica. Na maior parte das vezes, as representações são o produto de condições normais e, portanto, são representações adequadas. Somente em casos relativamente incomuns é que podemos querer referir-nos à história causal de uma representação para explicar uma confusão potencial. Com frequência, a maneira como se explica tal confusão é pôr uma representação particular dentro de um contexto mais amplo que envolve outras representações.

Por exemplo, raramente as pessoas confundem representações bidimensionais de objetos tridimensionais com objetos tridimensionais reais, a menos que essas representações sejam de altíssima qualidade. Se pensarmos que temos um objeto tridimensional diante de nós, quando, na realidade, olhamos para uma representação bidimensional, é provável que sejamos enganados apenas por um momento. Um exame mais detalhado revelará em breve a verdadeira natureza do que está diante de nós. Basta-nos mover um pouco para a esquerda ou para a direita e observar a representação de um ângulo ligeiramente diferente para percebermos que o que está diante de nós *não* é um objeto tridimensional. A confusão – isto é, o assentimento equivocado a uma representação falsa – é rapidamente corrigida. Portanto, embora seja possível cometer um erro, é igualmente possível corrigir o erro.

Ademais, a objeção cética de que é possível, *às vezes*, cometer erros nas representações não nos obriga a aceitar a conclusão de que *nunca* se pode ter certeza da veracidade de nossas representações. Embora seja certamente possível cometer erros em algumas ocasiões, isso não é suficiente para sustentar a afirmação de que, quando um ser racional vivencia uma representação verdadeira em condições normais, *jamais* conseguirá reconhecê-la como tal. Todos nós reconhecemos a verdade da representação de que é dia quando de fato é dia, como já vimos. Se o estoico puder apontar para pelo menos alguns casos como este, nos quais não há espaço para dúvida, em razão do poder avassalador e da vividez da representação, então a noção estoica de haver representações adequadas pode sobreviver ao ataque cético. O estoico não precisa afirmar que *jamais* se engana (cf. Cícero, *Acad.*, 2.19).

Haverá, claro, muitas outras circunstâncias nas quais não será fácil ter certeza da condição da representação que se recebeu. Nesses casos, o estoico, assim como o cético pirrônico, optará por reter seu assentimento e por suspender seu juízo. Já discutimos o exemplo de Epiteto de uma representação que exige nosso assentimento, a saber, "é dia" quando de fato é dia. Nesse caso, é óbvio que estamos diante de uma representação adequada. Epiteto também nos dá um exemplo de um caso no qual é igualmente óbvio que não estamos diante de uma representação adequada. Considere a representação de que "as estrelas são em número par" (*Diss.*, 1.28.2-3). Há alguma forma pela qual poderíamos justificar o assentimento a essa representação em vez da representação "as estrelas são em número ímpar"? Suponhamos que contar simplesmente não seja uma opção viável. Se estivermos confrontados com qualquer uma dessas representações, será imediatamente óbvio que não se trata de uma representação adequada; claramente não exige nosso assentimento.

Independentemente do número de situações em que nos possamos encontrar, nas quais haja alguma dúvida quanto à adequação de uma representação, se pudermos apontar pelo menos alguns exemplos nos quais possamos estar absolutamente certos de que temos *efetivamente* uma representação adequada ("é dia") ou de que *não* a temos ("as estrelas são em número par "), então o conceito estoico de representação adequada como critério da verdade e fundamento para a sua epistemologia resistirá ao ataque cético. De fato, o estoico poderia bem contra-atacar e desafiar o cético a afirmar sinceramente que *nunca* tem certeza de se é dia ou não. Ele também poderia desafiar a suposição por trás da objeção cética que afirma ser de fato possível deparar-se com duas representações idênticas, das quais uma é verdadeira e a outra é falsa. Os estoicos poderiam responder, seguindo a sua teoria da identidade dos indiscerníveis, que nunca duas representações serão *absolutamente* idênticas, e assim sempre haverá algumas características distintivas únicas que, em teoria, o sábio poderia usar para diferenciá-las e julgar a sua veracidade corretamente. Mas, naturalmente, o sistema filosófico dos estoicos depende de uma ampla gama de representações adequadas, muitas das quais, o cético poderia argumentar, são muito menos óbvias e muito mais controversas do que casos simples como "é dia".

Estoicismo e empirismo

Tudo o que vimos até agora levaria a concluir que os estoicos são empiristas, porque alegariam que todo o nosso conhecimento deriva da experiência. No Capítulo 4, veremos que os estoicos também rejeitam a existência de universais, o que dá mais peso a essa conclusão. De fato, muitos comentaristas sugeriram que os estoicos são, de maneira geral, empiristas e alguns traçaram paralelos entre o estoicismo e ideias de Locke e Hume (cf. Hankinson, 2003, p. 63). Para além do caráter geral de sua epistemologia que acabamos de considerar, provavelmente a prova mais importante que sustenta afirmação de que os estoicos são empiristas é um trecho do doxógrafo Aécio: "Quando um homem nasce, dizem os estoicos, ele tem a parte diretriz de sua alma como papel branco, pronto para ser escrito. Nela ele inscreve cada uma de suas concepções. O primeiro método de inscrição é pelos sentidos" (4.11.1-2). Isso claramente antecipa a famosa caracterização de Locke da mente como papel branco em seu *Ensaio acerca do entendimento humano* (Locke, 2014, p. 106). A intenção de Locke era argumentar contra aqueles que afirmavam que existem na mente ideias inatas no momento do nascimento.

> É opinião corrente entre alguns homens de que há no entendimento, como que impressos, certos princípios inatos, noções primitivas, *koinai ennoiai*, que a alma teria recebido ao ser criada e trazido com ela para este mundo (Locke, 2014, p. 31).

Mas aqui deparamo-nos com um problema aparente. As *koinai ennoiai*, às quais Locke se refere aqui, também têm origem no estoicismo. São as "concepções comuns" dos estoicos, que consistem em generalizações mantidas por todos. Assim, embora os estoicos pareçam antecipar Locke ao apresentar a mente como papel branco, eles também parecem ser a fonte da posição que Locke ataca explicitamente. De fato, Leibniz estava bem ciente disso, como podemos ver no Prefácio de seus *Novos ensaios acerca do entendimento humano*, concebidos como uma resposta a Locke:

> Trata-se de saber se a alma em si mesma é completamente vazia, como lousas nas quais ainda não existe nada escrito (tabula rasa), conforme Aristóteles e o autor do Ensaio, e se tudo o que é nela impresso provém exclusivamente dos sentidos e da experiência, ou se a alma contém originariamente princípios de várias noções e doutrinas [...]. Os estoicos denominavam tais princípios prolepses, isto é, pressupostos fundamentais, ou seja, aquilo que se dá por concordado antecipadamente. Os matemáticos dão a tais princípios o nome de noções comuns (*koinai ennoiai*) (Leibniz, 1974, p. 114).

Como Leibniz chega a essa imagem dos estoicos como inatistas, dada a prova que já vimos de Aécio? Como podemos ver, ele faz referência à ideia estoica de uma "preconcepção" (*prolēpsis*). Segundo Diógenes Laércio, uma preconcepção era, para Crisipo, uma noção geral (*ennoia*) que surge naturalmente (DL, 7.54). No entanto, argumentou-se que, em vez de conceber essas noções como ideias inatas, deveríamos pensá-las como primeiras concepções naturais das coisas, concepções inconscientes que temos automaticamente, ao contrário de concepções racionais conscientemente desenvolvidas, que idealmente deveriam substituí-las (cf. Sandbach, 1930, p. 46-47). Segundo essa explanação, tanto as preconcepções inconscientes quanto as concepções racionais conscientes são *a posteriori*, isto é, o produto de nossas experiências. Assim, essas preconcepções não serão necessariamente universais para todos, mas, dada a fisiologia comum que os humanos compartilham entre si, muitas delas ocorrerão em quase todos. Até certo ponto, essa explanação enfraquece a afirmação feita por Leibniz de que os estoicos acreditavam em ideias inatas.

Como essas preconcepções se relacionam com as "concepções comuns" que Leibniz e Locke mencionaram? Uns sugeriram que se deveria simplesmente equipará-las (cf. Sandbach, 1930), ao passo que outros desconfiam dessa alegação (cf. Todd, 1973, p. 57). E como fica, porém, este excerto de Epiteto?

> Quem veio ao mundo sem conceitos inatos (*emphytos ennoia*) do bem e do mal, do honroso e do aviltante, do decente e do indecente, da felicidade e da angústia, do apropriado e do inapropriado, do que se deve fazer e do que não se deve fazer? (*Diss.*, 2.11.3)

Aqui parece que temos uma referência a conceitos que são inatos ou naturais (*emphytos*); algo um pouco diferente de uma preconcepção. No texto imediatamente anterior, Epiteto reconhece que não temos ideias inatas de triângulos ou outras coisas que aprendemos por meio da experiência, mas aqui ele parece, de fato, implicar que temos ideias inatas de noções morais. Epiteto sugere ainda que, com essas noções, já somos instruídos pela natureza (*Diss.*, 2.11.6), e assim não é necessário que sejam ensinadas a nós da maneira que, por exemplo, precisamos aprender geometria. Essa afirmação encontra eco em Diógenes Laércio, que relata que nossas noções de bondade e justiça surgem naturalmente (DL, 7.53). Mas ter um conceito de bondade que se desenvolve naturalmente, que é instruído pela natureza, como formula Epiteto, é algo um tanto diferente de nascer com um conceito inato de bondade. Contudo, qualquer que seja a maneira de conceber isso, e decidir como melhor traduzir *emphytos* será um fator importante, também temos outras evidências que sugerem que os estoicos acreditavam que os indivíduos tenderiam naturalmente a uma vida virtuosa e que nossos desvios comuns da virtude são o produto de influências externas que nos desviam ou de raciocínio defeituoso. Como Diógenes Laércio formula, "os pontos de partida da natureza são íntegros" (DL, 7.89; cf. tb. Ário Dídimo, 5b8).

Esta questão afasta-nos um pouco do tópico do empirismo, embora ilustre bem a forma como questões acerca de uma parte do sistema estoico rapidamente levam a outras partes, o que destaca a sua inter-relacionabilidade. A nossa questão principal é a seguinte: são os estoicos empiristas de "papel branco", conforme relata Aécio, ou afirmam que temos, desde o nascimento, certas ideias inatas e, em particular, conceitos morais inatos? A afirmação de que, se nos deixarmos levar pelos nossos próprios meios, tenderemos naturalmente para a virtude pode ser entendida como uma premissa que pressupõe a existência de (a) conceitos morais inatos ou (b) uma tendência moral inata. Por outro lado, poderia pressupor (c) a alegação de que, embora se nasça sem nenhum conceito moral inato ou sem nenhuma tendência moral inata, o decorrer natural dos acontecimentos depois do nascimento inevitavelmente levará à formação de uma inclinação para a virtude.

Cícero oferece uma prova que apoia a rejeição da opção (a) em *As últimas fronteiras do bem e do mal*:

> Os conceitos formam-se na nossa mente, quer o conhecimento resulte da experiência, da associação de ideias, da analogia ou da dedução racional; o conceito do "bem" resulta do quarto e último dos processos que enumerei (*Fin.*, 3.33).

Embora Cícero não o declare explicitamente, parece razoável supor que os últimos três métodos que ele lista dependem do primeiro, ou seja, os conceitos produzidos por combinações de ideias, analogia ou inferência pressupõem os dados da experiência. Isso é sugerido pelos exemplos dados em uma discussão paralela em DL,

7.53. Portanto, nosso conceito de o "bem" não será *a priori* (independente da experiência); será o produto de deduções baseadas em experiências, erguida em uma preconcepção inconsciente do que consideramos bom, que também é produto da experiência.

Sêneca trata brevemente dessa questão em uma carta que discute a questão de como adquirimos o conhecimento da bondade. Ele diz que a natureza não pôde nos ensinar isso diretamente; a natureza nos fornece as *condições* para o conhecimento da bondade, mas não o conhecimento em si (*Ep.*, 120.4). Ele sugere que é por meio da observação que desenvolvemos o conhecimento adequado da bondade. Se a natureza não nos fornece diretamente o conhecimento da bondade, isso sugere que não temos conceitos morais inatos (opção a), apesar da afirmação de Epiteto. Podemos entender que a referência de Sêneca a uma *condição* alude a uma tendência ou disposição inata, que poderia nos levar a desenvolver conhecimento da bondade depois do nascimento, por meio da observação (opção b). Ou então podemos entender isso como referência a uma preconcepção inconsciente que surge naturalmente, um *produto* pós-parto da experiência que forma a base de uma concepção plenamente desenvolvida da bondade (uma versão da opção c). É difícil ter certeza de qual dessas duas últimas interpretações é a melhor, dada a brevidade da discussão.

Sugeriu-se que, apesar de compartilharem a metáfora do "papel branco", a posição dos estoicos, em um sentido importante, é inatista e, como tal, difere muito da de Locke. Embora os estoicos possam não ser inatistas conceituais, sugere-se que eles são "inatistas disposicionais" e se propõe existência de apetites e aversões inatos (Scott, 1988, p. 146), opção (b). Retomar-se-á essa ideia de disposição inata na seção inicial do capítulo cinco.

Resumo

Neste capítulo, trabalhamos de trás para frente pela explanação estoica da aquisição de conhecimento, o tema central da lógica estoica. À maneira de um resumo, vamos recapitular ao avançar. Para os estoicos, a mente ao nascer é um papel branco. É por meio das experiências sensoriais ou representações que se obtém informação e é por meio do assentimento a representações adequadas que se alcança as cognições, os exemplos de conhecimento. As apresentações a que assentimos são apresentadas à mente na forma de proposições; assim, a nossa cognição também é na forma de proposições. Uma proposição é uma entidade física – o movimento do ar quando se fala, uma inscrição quando escrita – mas também carrega significado ou sentido, que é incorpóreo. O significado ou o sentido de uma proposição é um exprimível. Exprimíveis podem ser completos e incompletos. Exprimíveis completos, tais como "chove esta tarde", são asseríveis, e asseríveis são proposições que se pode combinar para formar argumentos silogísticos. Esses argumentos foram a fundação do conhecimento científico sistemático do mundo. Aqui, pode se ver a maneira como os estoicos explanam a origem e o desenvolvimento do nosso conhecimento. No capítulo quatro, considerar-se-á precisamente o que os estoicos alegavam saber da natureza do mundo físico.

4
A FÍSICA ESTOICA

Ontologia

Para os estoicos, a física é aquela parte do discurso filosófico que trata de todas as questões relativas ao mundo físico, desde a ontologia fundamental até as ciências empíricas, como a astronomia e a meteorologia. A afirmação fundamental que sustenta toda a física estoica é a alegação de que somente corpos existem, uma afirmação que remonta a Zenão. Isso pode ser visto como um desafio direto à alegação platônica de que o mundo material que vivenciamos é apenas uma sombra de outro reino em que reside a verdadeira existência. De fato, isso ecoa uma posição atribuída a uma das partes na discussão da natureza da existência no diálogo de Platão, *O sofista* (a respeito disso, veja-se Brunschwig, 1988).

Em *O sofista*, Platão realiza um famoso ataque ao materialismo enquanto posição ontológica (245e-249d). Ele refere-se a uma batalha entre gigantes e deuses acerca de se o "ser" vincula-se somente a objetos físicos ou se também se vincula a entidades não físicas. Os gigantes materialistas insistem que ser é "o mesmo que corpo". Qualquer coisa que não possam tocar ou apertar em suas mãos, como podem com os corpos, não existe de todo. Assim, devem negar a existência de entidades não corporais, como alma, inteligência, justiça e virtude. Para Platão, essas conclusões não são apenas desagradáveis, mas também provavelmente desonestas, pois ninguém nega seriamente a realidade dessas coisas. Essa posição extrema é atenuada, sugere Platão, por materialistas mais moderados, que afirmam que a alma existe, mas que, para existir, deve ser um tipo especial de corpo.

Para Platão, seria possível confundir os materialistas, de qualquer espécie que fossem, se ele os obrigasse a admitir a existência de algo que não fosse um corpo (247c). Tal admissão destruiria a afirmação materialista de que ser um corpo é o único verdadeiro sinal de existência. Note-se que Platão pressupõe explicitamente que, para algo ser algo, deve ter "ser" ou existência (237d). Agora, no que diz respeito à inteligência, à justiça e à virtude, os materialistas mais moderados de Platão encontram-se embaraçados e têm de aceitar que, talvez, essas coisas possam existir sem ser corpos. Platão, então, expande sua concepção de existência, caracterizando-a como a capacidade de atuar ou de sofrer atuação, e sugere aos materialistas moderados que talvez isso devesse ser o verdadeiro sinal de existência, em vez de ser um corpo. No entanto, os materialistas de Platão parecem ter rejeitado essa caracterização (248c).

Passemos agora aos estoicos. Zenão segue os gigantes de *O sofista*, por insistir que ser ou existência deve ser identificado com corpo, apesar da concessão feita pelos materialistas moderados de Platão. Ele reafirma que apenas corpos existem. Ao invés de cair na armadilha platônica de ser forçado a admitir que a alma, a justiça ou a virtude não existem, contudo, ele está preparado para afirmar que todas essas coisas existem e são de fato corpos. Ele também aceita a caracterização platônica de existência como a capacidade de atuar ou de sofrer atuação, mas reserva isso exclusivamente para os corpos, contra a intenção de Platão. Finalmente, ele questiona a suposição de Platão de que, para algo ser algo, deve existir. Para Zenão, pode haver coisas reais que não são corpos e, portanto, não existem segundo sua ontologia materialista, mas ainda assim são, de alguma forma, reais, como veremos em breve.

Assim, para os estoicos, se algo existe ou tem a capacidade de atuar ou de sofrer atuação, então é um corpo (cf. Cícero, *Acad.*, 1.39). Isso será tão verdadeiro para a alma, a justiça, a virtude ou a sabedoria quanto será para objetos físicos mais tangíveis, como paus e pedras. Desse modo, Zenão enfrenta diretamente o desafio de Platão ao materialismo, recusa-se a comprometer-se como haviam feito os materialistas moderados de Platão e reafirma o materialismo intransigente dos gigantes.

Apesar desse materialismo bastante intransigente, há algumas entidades que não podem ser concebidas como corpos e, ainda assim, os estoicos não quereriam dizer que são nada. Um exemplo seria o sentido ou o significado de um proferimento, os "exprimíveis" que encontramos no capítulo anterior. Outro seria o vácuo, que claramente não é um corpo, mas ainda assim é presumivelmente algo em algum sentido, se for objeto de pensamento. De fato, os estoicos sugerem quatro tipos de entidade que se encaixam nessa categoria de ser "algo" (*ti*) e, contudo, não serem corpos: vácuo, tempo, lugar e "exprimíveis" (*lekta*). Como afirmam que apenas corpos existem, essas outras entidades são, em certo sentido, reais, mas não se pode dizer que existam. Em vez disso, diz-se que "subsistem". A ontologia estoica postula um gênero supremo de "algo", sob o qual há duas subdivisões: corpos ou corpóreos existentes e incorpóreos subsistentes (Alexandre, *in Top.*, 301,19-25):

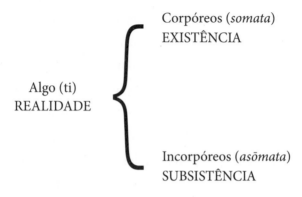

Para os estoicos, então, a existência ou o "ser" não é o gênero ontológico mais elevado. Ao contrário do que Platão pressupõe em O Sofista, é possível que algo seja algo sem ter de assumir que existe. Esses "algos" não existentes, os incorpóreos, não existem, mas ainda assim são reais. Temos, portanto, um gênero supremo que abrange todas as entidades reais, algumas das quais são corpos existentes e algumas das quais são incorpóreos não existentes (mas subsistentes).

A ideia de um corpo existente é bastante direta; tocamos em sua definição e consideraremos os corpos estoicos mais adiante na próxima seção. Mas e quanto a esses incorpóreos? Como acabamos de ver, há quatro tipos de incorpóreo: vazio, tempo, lugar e "exprimíveis" (*lekta*). Os estoicos desejam poder dizer que esses incorpóreos são reais, pois, para serem objeto de pensamento, devem ao menos ser "alguma coisa" (Sexto, *M*, 1.17), mas, na medida em que não são corpos, os estoicos não podem dizer que existem. Em vez disso, dizem que esses incorpóreos subsistem; são reais, mas são realidades não existentes. Ademais, em certas circunstâncias, diz-se que esses incorpóreos subsistentes não subsistem, mas "enquadram-se". Por exemplo, enquanto o passado e o futuro "subsistem", o momento presente "se enquadra"; o momento presente é, em certo sentido, mais real do que momentos no passado ou no futuro, mas não é tão real quanto um objeto físico. Críticos do estoicismo argumentariam aqui que essa desconfortável categoria ontológica do incorpóreo, que contém quatro entidades aparentemente não relacionadas, simplesmente destaca a inadequação de seu materialismo, incapaz de fornecer uma explicação adequada para esses quatro tipos de entidade.

Assim, apenas os corpos existem e esses quatro incorpóreos subsistem. Vale ressaltar o que este esquema ontológico exclui. Significativamente, exclui os universais na forma de ideias platônicas. Para os estoicos, tais ideias nem existem nem subsistem. Uma vez que existência e subsistência parecem ser as únicas duas categorias de "algo", tais entidades são descartadas como "não algo" (Simplício, *in Cat.*, 105,9-11), e classificadas ao lado de alucinações e fantasmas da imaginação. Contudo, seria talvez um erro considerar "não algo" como outra categoria claramente definida dentro do esquema ontológico estoico. Ao invés disso, ser rotulado como "não algo" significa precisamente que o item em questão não tem nenhum lugar na ontologia estoica, pois não encontra um lugar sob o gênero supremo estoico de "algo".

Os estoicos, portanto, rejeitam explicitamente os universais concebidos como ideias platônicas. Toda entidade que se enquadra em seu gênero supremo de "algo" há de ser algo particular; somente os particulares individuais existem (Siriano, *in Metaph.*, 104,21). Eles são amiúde apresentados, por conseguinte, como os primeiros nominalistas, os quais rejeitam por completo a existência de conceitos universais. Presume-se, todavia, que os estoicos, como quaisquer outros filósofos, gostariam de ser capazes de fornecer ao menos *algum* tipo de explanação dos conceitos universais, tais como a cor "vermelha", uma explanação daquilo que este objeto vermelho específico e aquele outro objeto vermelho têm em comum. Investigações recentes que tratam desta questão espinhosa sugeriram que ocorrera uma mudança importante de Zenão para Crisipo nesta ideia essencial (cf. Caston, 1999); concentrar-se-á a atenção, no que se segue, na explanação de Crisipo, a qual lançou os fundamentos para a ortodoxia estoica subsequente quanto ao assunto.

Para Crisipo, não há entidades universais, quer sejam concebidas como formas platônicas substanciais ou de alguma outra maneira. Muitas vezes somos levados a pensar que existem tais entidades pela maneira como usamos a linguagem, especialmente substantivos comuns, como "homem". Assim, quando dizemos "o homem é um animal racional", muitas vezes supomos que deve haver um "homem" genérico ao qual nos referimos. Crisipo tenta contornar esse problema pela reformulação de tais declarações de maneira que não nos levem a fazer essa suposição. Então, em vez de dizer "o homem é um animal racional", deveríamos dizer "se algo é um homem, então este algo é um animal racional" (cf. Sexto, *M*, 11.8). Exprimir dessa forma nos permite indicar uma propriedade comum compartilhada por todos os homens particulares sem assumir a existência de uma entidade genérica "homem".

Dentro deste contexto, Crisipo desenvolveu um argumento bem conhecido: o "argumento do ninguém" (Simplício, *in Cat.*, 105,7-16; tb. DL, 7.187). O argumento é o seguinte:

> Se alguém está em Atenas, não está em Mégara;
> Há um "homem" em Atenas;
> Logo, não há um "homem" em Mégara.

O objetivo deste argumento é negar que o nome genérico "homem" refira-se a algo de fato. A suposição por trás do argumento é a afirmação de que "homem" é alguém (ou "algo" no esquema ontológico estoico). O argumento dirige-se principalmente aos platônicos. Um platônico aceitará a primeira premissa intuitiva e não terá motivo para discutir a segunda premissa. Contudo, ele não desejará aceitar a conclusão. Para evitar fazê-lo, deve rejeitar a suposição implícita de que "homem" é alguém (ou "algo"). Se o fizer, então terá caído na armadilha estoica e admitido que Formas platônicas como "homem" são "não algo" (cf. Caston, 1999, p. 202-203).

Presumivelmente, Crisipo precisará fornecer sua própria explicação para o termo "homem", mesmo que não esteja disposto a admitir que existam universais substanciais, como as ideias platônicas, ou mesmo conceitos genéricos. Fará isso por meio da apresentação de tais coisas como qualidades que são atribuíveis a uma série de particulares existentes. As qualidades em qualquer entidade física *particular* serão elas próprias físicas, e veremos como os estoicos o explicam na próxima seção. De fato, uma entidade *particular* será tanto "qualificada comumente" (*koinōs poion*) quanto "qualificada de maneira peculiar" (*idiōs poion*). Por exemplo, Sócrates é "qualificado comumente" como um ser humano, algo que ele compartilha com todos os seres humanos. Ser "qualificado comumente" como um ser humano é o que faz de Sócrates um ser humano em vez de, digamos, um cão ou um cavalo. Mas Sócrates também é "qualificado de maneira peculiar" como Sócrates, e ninguém mais é "qualificado de maneira peculiar" exatamente da mesma forma. O primeiro explica o que Sócrates compartilha com outros seres humanos; o último explica o que faz Sócrates único entre os seres humanos. Quando tratamos do conceito de "ser humano" ou "homem", tudo de que realmente tratamos é uma construção mental que criamos para descrever uma certa qualidade física de ser "qualificado comumente" que existe em vários indivíduos particulares diferentes (cf., p. ex., DL, 7.61).

Princípios

Depois de considerar a divisão na ontologia estoica entre o corpóreo e o incorpóreo, concentrar-se-á no corpóreo mais minuciosamente. Conforme se observou, diz-se que apenas corpos existem. Central à definição que Zenão formula de corpo é que se trata de algo capaz de atuar e de sofrer atuação.

Os estoicos propõem dois princípios materiais (*archai*) como fundamentação para sua física, dois princípios que são apresentados nos fragmentos por meio de uma variedade de termos. São aquele que age (*to poioun*) e aquele que sofre ação (*to paschon*), ou poderíamos dizer, o ativo e o passivo; são deus e a matéria (cf. DL, 7.134). As origens dessa teoria são, sem dúvida, complexas, mas estudos recentes notaram um paralelo com a física da Academia primitiva (cf. Cícero, *Acad.*, 1.24-9 e Sedley, 2002), e Zenão pode ter encontrado inspiração ali durante seu período de estudos com Polêmon. Outro precursor frequentemente citado é Heráclito (cf. Cícero, *ND*, 3.35).

As primeiras formulações desta teoria parecem ter identificado o princípio ativo com o fogo. Versões posteriores da teoria, associadas a Crisipo, substituem o fogo pelo conceito de "sopro" ou *pneuma*, refletindo possivelmente a crescente importância que este último conceito ganhava nas ciências da época, sobretudo na biologia. Estas duas caracterizações não são dissociadas, pois se pensava que o sopro ou *pneuma*, concebido como o princípio da vida dentro de um ser vivo, estava intimamente relacionado ao calor ou à temperatura.

Central para compreender a física estoica é determinar a natureza da relação entre estes dois princípios. Já vimos que a definição estoica de corpo é algo que pode atuar ou sofrer atuação. Qualquer coisa que possa atuar ou sofrer atuação não pode ser incorpórea (Cícero, *Acad.*, 1.39). Isso implica que ambos os princípios serão corpos, um que age, o outro que sofre ação. No entanto, várias fontes antigas (p. ex., Calcídio, *in Tim.*, 293) e comentadores modernos (Lapidge, 1973; Todd, 1978) sugerem que os estoicos propuseram um monismo estrito, isto é, uma concepção de uma única realidade material unificada. Se assim for, então a distinção entre os dois princípios é talvez algo meramente abstrato ou conceitual, e consequentemente algo menos importante do que poderia parecer à primeira vista.

Por que os estoicos traçariam essa distinção abstrata, sobretudo se também visassem a asserir um monismo estrito? Talvez uma resposta possível fosse: eles querem fornecer uma explanação do mundo material que não necessite referir-se a algo fora da natureza para explicar seu movimento ou desenvolvimento. Em outras palavras, não querem conceber o mundo material como puramente passivo e inerte, pois, se o fizessem, precisariam então explanar a sua atividade com referência a alguma outra entidade sobrenatural. Ao traçar essa distinção conceitual, podem afirmar que o cosmos material tanto age quanto sofre ação; é simultaneamente ativo e passivo, que age em si mesmo.

Isto poderá explicar o propósito da distinção, até certo ponto, mas deixa-nos, ainda assim, com uma pergunta por responder. Os dois princípios são dois *corpos* em uma mistura total, ou são *dois aspectos* de um único corpo unificado? Infelizmente, as fontes antigas não são inteiramente coerentes a esse respeito, em parte porque algumas delas são hostis ao estoicismo. Além disso, uma passagem-chave em Diógenes Laércio (7.134) contém uma variante textual controversa; ela pode ser lida como se significasse que os dois princípios são corpos, ou que são incorpóreos. Sugeri anteriormente que ambos os princípios devem ser corpos porque somente corpos podem atuar e sofrer atuação. Mas talvez devamos ler isso como se significasse que corpos pudessem *tanto* atuar *quanto* sofrer atuação, ao passo que os princípios têm apenas um desses atributos e, portanto, não podem ser eles próprios corpos (Brunschwig 2003, contudo, sugere que deve ser lido como se significasse atuar *ou* sofrer atuação). Porém, pareceria estranho dizer que os princípios são incorpóreos, e já vimos uma lista aparentemente exaustiva de itens que os estoicos consideravam incorpóreos – tempo, vazio, lugar, exprimíveis – na qual os princípios não constam.

Caso, contudo, aceitássemos que os princípios formam uma distinção conceitual entre dois aspectos de um corpo material unificado, então eles seriam conceitos e, como tais, seriam exemplos de exprimíveis ou *lektá*. Como exprimíveis, seriam incorpóreos. Não se deve interpretar a hipótese anterior como se significasse que o cosmos material é composto por dois incorpóreos, o que seria absurdo, mas como se significasse que a divisão do cosmos material unificado nesses dois princípios é meramente uma divisão mental abstrata que tem a condição ontológica de um pensamento ou de um enunciado. Nesta explanação, os princípios não são duas entidades independentes que poderiam, em teoria, separar-se uma da outra; em vez disso, são descrições verbais de características diferentes de uma entidade única.

Consideremos brevemente a hipótese alternativa. Suponhamos que esses dois princípios *sejam efetivamente* duas entidades materiais distintas em alguma forma de mistura entre si. Várias fontes descrevem o cosmos como matéria em mistura com o princípio ativo, o *pneuma* (p. ex., em Aécio, 1.7.33). Como deveríamos entender isso? A própria teoria da mistura dos estoicos é relevante aqui. Eles sugerem que duas entidades materiais podem ser misturadas de três maneiras distintas (cf. Alexandre, *Mixt.*, 216.14-217.2). A primeira dessas é a "justaposição", na qual grãos das duas entidades são misturados juntos, mas permanecem distintos um do outro, como no caso de sal e açúcar misturados em uma tigela. A segunda é a "fusão", na qual uma nova entidade é criada a partir das duas entidades, que deixam de existir independentemente, como ao usar vários ingredientes ao cozinhar. A terceira os estoicos chamam de "mistura total", na qual as duas entidades são misturadas ao ponto de cada parte da mistura conter ambas as entidades originais, contudo, cada uma das entidades originais retém suas próprias propriedades distintas e pode, em teoria, ser extraída da mistura. Por exemplo, relata-se que, se misturar vinho e água em um copo, é possível extrair o vinho da mistura usando uma esponja embebida em óleo – e isso foi comprovado por experimentação (Estobeu, 1.155.8-11; Sorabji, 2004, p. 298-9). Embora o vinho e a água estejam completamente misturados, de uma maneira que os grãos de sal e açúcar não estão, ainda é possível separar os dois líquidos. Uma consequência ligeiramente paradoxal dessa teoria da mistura total que os estoicos parecem ter aceitado foi o pensamento de que, caso se adicionasse uma única gota de vinho ao mar, então essa única gota de vinho teria de se misturar com cada parte do mar e de se estender efetivamente por uma vasta área (cf. DL, 7.151). Os estoicos descreveram esse terceiro tipo de mistura como um processo no qual as duas entidades originais são destruídas e uma nova terceira entidade, a mistura, é criada. Contudo, essa nova entidade contém dentro de si as qualidades das duas entidades originais, e assim é possível extrair as entidades originais da mistura (de uma maneira que não é possível no caso da fusão, o segundo tipo de mistura).

Como isso se relaciona com nossa preocupação acerca da relação entre os dois princípios? Se o cosmos fosse concebido como uma mistura total dos dois princípios, à luz dessa teoria, os princípios não existiriam mais como entidades separadas. Retornaríamos a uma concepção monística unificada do cosmos material. Parece, portanto, que, mesmo se tentássemos insistir na independência física dos dois princípios, acabaríamos com uma concepção monística do cosmos à luz da teoria estoica da mistura total. De fato, parece provável que a teoria da mistura total tenha sido proposta precisamente para mostrar como seria possível para os dois princípios materiais estarem em mistura total um com o outro. Em particular, provavelmente foi proposta para oferecer uma explicação à afirmação – que contraria às expectativas dos estoicos – de que dois corpos, a matéria e deus, possam estar no mesmo lugar ao mesmo tempo (cf. Sorabji, 1988, p. 79-105).

Em suma, poderíamos dizer que o cosmos estoico é uma entidade material que não tem um princípio ativo misturado por toda parte, mas que é, em si, ativo. O sopro ou *pneuma* não é um tipo especial de matéria distinta misturada com a matéria passiva; antes, o mundo material em si tem qualidades pneumáticas. Embora possamos distinguir entre os dois princípios em pensamento, na realidade, eles são apenas aspectos de um único cosmos material unificado. Se se considerar esses termos, temos uma distinção que soa próxima à análise aristotélica de objetos materiais em matéria e forma (p. ex., *Metafísica*, 7.7-9). Também há, contudo, diferenças importantes, dentre as quais destaco a de que o *pneuma* estoico é, em certo sentido, material, de um modo que a forma aristotélica certamente não é. Além disso, embora o cosmos possa ser uma entidade material unificada, ele é concebido, no entanto, como uma mistura total de dois componentes distintos que, como o vinho e a água, podem ser separados um do outro em algum momento no futuro. De fato, como veremos em breve, os estoicos de fato pensavam que tal separação ocorria em momentos periódicos de conflagração.

Trata-se de uma teoria complexa e potencialmente confusa que atraiu uma série de ataques hostis na Antiguidade. Como muitos de seus predecessores, os estoicos mantiveram a análise tradicional do mundo físico em quatro elementos constituintes: terra, água, ar e fogo.

Mas sua teoria dos princípios parecia postular o *pneuma* como um quinto elemento em mistura com os outros quatro (cf. Alexandre, *Mixt.*, 225.3-10). A identificação inicial do princípio ativo com o fogo causou confusão posterior; esse fogo é concebido como um dos quatro elementos tradicionais, ou trata-se de algum outro "fogo criativo" em mistura com a matéria composta pelos quatro elementos? Voltaremos a essa questão mais tarde. Outras fontes dividem os quatro elementos entre os dois princípios, identificam o pneuma com o fogo e o ar, enquanto a água e a terra constituem a matéria. Não há dúvida de que a teoria física estoica se desenvolveu nas mãos dos diferentes senhores da escola inicial, tampouco há dúvida de que nossos relatos doxográficos nem sempre distinguem cuidadosamente entre as reivindicações que pertencem às suas diferentes fases de desenvolvimento.

DEUS E A NATUREZA

É possível atribuir duas interpretações bastante distintas à física estoica. Uma delas enfocaria o papel do *pneuma* como uma força que, em vários graus de tensão, forma os objetos materiais da natureza. Os estoicos delineiam três condições principais do pneuma, cada uma das quais reflete um diferente nível de "tensão" (*tonos*). A primeira é "coesão" (*hexis*), e essa é a força que confere unidade a um objeto físico; é a força que mantém unida uma pedra, por exemplo. A segunda é "natureza" (*physis*), e essa é a força pela qual algo pode ser dito vivo. É o pneuma como *physis* que constitui o princípio da vida em organismos biológicos, como as plantas. A terceira é "alma" (*psyché*), e essa forma de pneuma constitui o princípio da vida em animais que têm os poderes de percepção (representações), movimento (impulsos) e reprodução (cf. Filo, *Legum Allegoriarum*, 2.22-3). A diferença entre esses três tipos de entidade natural é simplesmente de níveis diferenciados de tensão em seu *pneuma*. Isso foi caracterizado como uma diferença em complexidade organizacional. Eles se situam em um contínuo, de modo que a diferença entre eles é de grau, e não de tipo. Assim, poder-se-ia imaginar uma explicação evolucionária do desenvolvimento da vida e das formas de vida mais elevadas puramente sob a ótica do aumento de complexidade dentro da natureza. É, portanto, possível fazer a física estoica soar bastante moderna e totalmente naturalista (cf. Sambursky, 1959). E tal interpretação parece perfeitamente razoável, dado que, como vimos, os estoicos são materialistas intransigentes.

Alternativamente, pode-se interpretar os estoicos como filósofos bastante religiosos, panteístas que concebem deus como a força governante providencial na natureza, que ecoam a função exercida pelo Demiurgo no *Timeu* de Platão. Essa interpretação encontra bastante apoio nos textos antigos, como na discussão da teologia estoica em *Natureza dos deuses* de Cícero e no *Hino a Zeus* de Cleantes. Este aspecto do estoicismo revela uma visão em que a divindade permeia e ordena o universo, bem como o guia com propósito e com inteligência.

> Zeus, de tudo provedor, tu, das nuvens escuras, do flamígero trovão,
> Salve os homens da sua funesta inexperiência
> E disperse-na, pai, para longe das suas almas; garanta que eles alcancem
> A sabedoria com a qual tu confiantemente guias a todos com justiça
> Poderemos, assim, recompensar-te com honra a honra que nos dá
> Louvando tuas obras continuamente, como cabe a nós, mortais...
>
> (IG, II-21)

Essas formas de expressão parecem distantes da descrição naturalista da física estoica. Existe uma forte tendência, em nós, de querer distinguir claramente entre o filosófico ou científico, por um lado, e o religioso, por outro. Essa tendência ocidental moderna muitas vezes é vista como um obstáculo ao tentar tratar de filosofias orientais, nas quais tal divisão não se aplica de forma direta. No entanto, não nos encontramos nessa situação com os estoicos, que se situam firmemente dentro da tradição intelectual ocidental. Contudo, a concepção estoica de deus é decididamente filosófica, baseada em argumentos (com os que Cícero excogita em *Natureza dos deuses*) e não em mito, superstição ou fé. Persiste, contudo, uma certa tensão entre as duas interpretações possíveis que mencionei.

A diferença entre essas duas interpretações reside precisamente na forma como concebemos o deus estoico. A interpretação naturalista evitaria atribuir qualquer propósito consciente ao *pneuma* material que une rochas e pedras. Já a interpretação religiosa asseriria a ordenação providencial consciente do cosmos por deus. Assim, seria o deus estoico um ser consciente que ordena o cosmos, ou seria a palavra "deus" apenas uma etiqueta tradicional mantida para um processo físico primordialmente inconsciente que ordena e molda a natureza?

Antes de tratarmos diretamente desta questão, devemos ter em mente algumas razões. A primeira é que, independentemente de como concebemos a relação entre os dois princípios, o deus estoico está profundamente *inserido na* natureza. É muito fácil pensarmos em deus como um criador externo da natureza, uma força externa que molda a natureza. Mas, para os estoicos, deus simplesmente *é* a natureza. Enquanto os padres da igreja antiga e os leitores cristãos do início da modernidade do estoicismo frequentemente enfatizavam a *diferença* entre deus e natureza à luz do ensino cristão (e assim ressaltavam a distinção entre os dois princípios), numerosas fontes antigas observam que os estoicos estavam contentes em *identificar* deus com a natureza, mesmo que às vezes essa afirmação pudesse ser qualificada ao dizer que deus é a força ativa dentro da natureza. Para os estoicos, o cosmos é um ser vivo (DL, 7.142). Então, a nossa investigação também diz respeito à própria pergunta quanto ao cosmos ser um ser vivo ou não. Devemos também considerar que alguns críticos antigos tomaram a identificação estoica de deus com a natureza como uma manobra projetada para permitir que continuassem a usar a etiqueta "deus", embora sua filosofia naturalista não precisasse dela. Como Plotino formulou, "o deus para eles se introduz por causa de conveniência, [um deus] que tem o 'ser' da parte da matéria em um certo estado" (*Enéadas*, 6.1.27). Críticas semelhantes foram posteriormente levantadas contra a identificação de deus com a natureza por Espinosa, pois sempre que alguém usa a palavra "deus", poderia simplesmente substituí-la por "natureza" e assim "deus" já não tem mais nenhuma força explicativa. Espinosa foi atacado por seus primeiros leitores como a um ateu que se apegava à etiqueta "deus" apenas por uma questão de aparências, assim como Plotino havia criticado os estoicos por esta razão.

Com esses pontos em mente, voltemos à nossa pergunta: o deus estoico, identificado com a natureza concebida como um ser vivo, é consciente ou inconsciente? Cícero relata que Zenão apresentou o seguinte argumento em apoio à afirmação de que o cosmos como um todo era de fato consciente:

> Pois estas coisas que são tratadas por nós, Zenão expunha assim: "O que se utiliza da razão, isto é melhor do que aquilo, que não se utiliza da razão; nada, porém, é melhor do que o mundo, então o mundo se utiliza da razão", igualmente pode-se concluir que o mundo é sábio, igual-

mente beato, igualmente eterno; pois todas estas coisas são melhores do que aquelas que são privadas delas, não há nada melhor do que o mundo (*ND*, 2.21)..

Assim, Zenão sustentou que o cosmos como um todo deveria ser consciente, pois os seres humanos são conscientes e o cosmos, por ser superior aos seres humanos, não careceria desse atributo. Não à toa, Cícero cita outro argumento de Zenão nestas linhas: "Nenhuma parte de nada privado de sentido pode ser sensível, porém as partes do mundo são sensíveis; então o mundo não está privado de sentido." (*ND*, 2.22). É claro, há uma diferença importante entre dizer que o cosmos tem ou contem sensação e dizer que o cosmos é ele próprio um ser vivo. O cosmos pode ter sensações simplesmente em virtude de que as suas partes – você e eu – têm sensações. Mas essa não parece a tese que Zenão quer defender, e sim que, se eu e você tivermos sensações, o cosmos têm de as ter também. Pode-se interpretar isso como um argumento contra a existência de propriedades emergentes; um cosmos inconsciente não pode fazer surgir seres conscientes, de modo que, se houver algum ser consciente no cosmos, então a consciência tem de ser um atributo do próprio cosmos.

Diógenes Laércio fornece mais provas para a afirmação de que os estoicos sustentam que o cosmos como um todo tem de ser consciente:

> Crisipo no primeiro livro de sua obra *Providência*, Apolodoro em sua *Física*, e Possidônio sustentam que o cosmos é um ser vivo, racional, animado e inteligente, um ser vivo no sentido de que o cosmos é uma substância animada, dotada da faculdade de percepção sensível. O ser vivo é superior ao ser sem vida; nada é superior ao cosmos; logo, o cosmos é um ser vivo (DL, 7.142-3).

Diógenes, contudo, também relata que alguns estoicos rejeitaram essa afirmação. Diz-se que Boécio de Sídon, por exemplo, negou que o cosmos é um ser animado (DL, 7.142-3). Quando se discute este problema no século XVII, Ralph Cudworth chegou à conclusão de que, enquanto os estoicos antigos, como Zenão, eram claramente teístas, os estoicos tardios, como Boécio, eram ateus porque, embora ainda concebessem o cosmos como um ser vivo, a sua noção de deus era meramente a de um processo vegetativo na natureza, o qual carecia de toda consciência.

Em resposta à nossa pergunta, então, parece que claro que, com exceção de Boécio e de talvez alguns outros, a posição estoica ortodoxa era de que deus é efetivamente consciente. (Talvez se hesite em usar o termo moderno "consciente" aqui; eu o uso como abreviatura da caracterização "racional, animado e inteligente" feita por Diógenes Laércio.) Sob a ótica da divisão que sugeri entre interpretações naturalistas e religiosas da física estoica, esta resposta parece favorecer a interpretação religiosa. Viu-se, contudo, que não se deve conceber esse deus consciente como um deus pessoal e externo à natureza. Em vez disso, esse deus consciente *é* a natureza, concebida como ser vivo. Assim, muito da linguagem de Cleantes, em sua evocação de um Zeus personificado, induz ao erro. Também induzem ao erro as referências a um deus personificado em Sêneca, em Epiteto e em Marco Aurélio. A dicotomia entre o naturalismo reducionista e o teísmo se desintegra diante da física estoica. Os estoicos são naturalistas rematados que querem dar uma explanação do movimento e da ordem, os quais existem no cosmos, que não dependa de nenhuma entidade *externa* ao cosmos. Versões do materialismo que concebam a matéria como passiva ou inerte têm de explanar o movimento da matéria e podem ser obrigadas a admitir a existência seja de causas transcendentes do movimento, seja de uma causa primeira que põe as coisas em movimento. A grande virtude da versão estoica do materialismo é que não precisa se referir a nada fora da natureza para explanar a ordem e o movimento da natureza. Ao mesmo tempo que se mantêm materialistas, concebem a natureza como um ser vivo que se organiza e se regula. A cosmologia estoica foi, em razão disso, descrita como "cosmobiologia" (Hahm, 1977, p. 136). Essa teoria antiga é ecoada em algumas discussões modernas da natureza, ou "Gaia", como um sistema biológico que se regula. Os estoicos dão um passo adiante quando afirmam que a natureza, concebida como um organismo vivo, também é consciente. É porque se sustenta que o cosmos é consciente que se poderia chamá-lo de "deus". Poder-se-ia, contudo, igualmente apoiar Plotino e os críticos de Espinosa ao se afirmar que isso é se apegar ao rótulo "deus" para manter as aparências.

Cosmologia

Para os estoicos, então, o cosmos é um ser vivo e a cosmologia deles é também uma cosmobiologia. Este cosmos vivo é concebido como um ser esférico, circundado por um vazio infinito (DL, 7.140). O autor estoico Cleomedes oferece uma série de argumentos em favor da afirmação de que a Terra é esférica e de que ela jaz no centro de um cosmos esférico (*Cael.*, 1.5) Ele também nos fornece a discussão mais importante de o que é o vazio que circunda o cosmos (cf. *Cael.*, 1.1). Vazio, como se viu, é um dos quatro incorpóreos. Por que, contudo, os estoicos se sentem compelidos a postular esse vazio extracósmico incorpóreo? Eles poderiam simplesmente ter concebido o cosmos como uma entidade finita, de extensão limitada, tal qual Aristóteles fez na *Física*. A afirmação de que o cosmos tem um limite, contudo, sofreu um ataque célebre do filósofo pitagórico Arquitas, que queria saber o que aconteceria se alguém, que estivesse exatamente no limite deste cosmos finito, estendesse o braço (Simplício, *in Phys.*, 467.26-35). Os estoicos também levantaram este tipo de objeção a um limite externo do cosmos, conforme relata Simplício:

> Os estoicos, entretanto, queriam que houvesse vazio fora do céu e estabeleceram tal vazio por meio desta suposição: suponha-se, dizem eles, que alguém se ponha na extremidade da esfera das [estrelas] fixas e estendesse a mão para cima. Caso se consiga estendê-la, eles infeririam que há alguma coisa fora do céu para o qual se estendeu a mão; caso não se consiga estendê-la, haveria alguma coisa do lado de fora de modo que impedisse a extensão da mão (*in Cael.*, 284.28-285.1).

Para superar o paradoxo inerente à ideia de que o cosmos tem um limite, os estoicos propuseram um cosmos finito cercado por um vazio extracósmico. Semelhante ao de Aristóteles, o cosmos estoico é limitado em extensão, mas, ao postular um vazio para além do cosmos, evitam a objeção de Arquitas. Esse vazio extracósmico seria infinito, pois, se fosse finito, enfrentar-se-ia a mesma objeção ao alcançar sua extremidade. Para Aristóteles, a noção de um corpo infinito que existe de uma só vez, ao invés de um *processo* infinito que nunca acaba, é absurda, mas o vazio infinito estoico não é um corpo; é incorpóreo (cf. Cleomedes, *Cael.*, 1.1.104-11).

Os estoicos tinham mais um motivo para postular esse vazio extracósmico. Eles afirmavam que, em certos momentos, o cosmos inteiro se dissolvia completamente em fogo. Assim como a mesma quantidade de água ocupa mais espaço como vapor do que como água líquida, os estoicos sustentavam que, nesse momento de conflagração total, a matéria do cosmos, como fogo puro, exigiria mais espaço do que em seu estado atual (cf. Cleomedes, *Cael.*, 1.1.43-54). Portanto, precisavam explicar essa expansão periódica no tamanho do cosmos, e o vazio extracósmico oferecia uma maneira de fazê-lo.

Para explicar o vazio extracósmico, os estoicos distinguiram o "tudo" do "todo". O "todo" (*hólon*) refere-se ao cosmos, e o "tudo" (*pan*) inclui tanto o cosmos quanto o vazio infinito que o circunda. Assim, o "todo" é finito, e o "tudo" é infinito (cf. Sexto, *M*, 9.332).

Assim, o cosmos é um ser vivo, finitamente extenso, um contínuo esférico de matéria unido pelo sopro ou *pneuma* que o permeia. Esse *pneuma* é identificado com deus e com a razão, que é muito mais do que uma força magnética ou gravitacional. É um princípio organizador consciente e racional, a alma do cosmos, análogo à alma de qualquer outro ser vivo. Como outros seres vivos, o cosmos tem um tempo de vida limitado, já que, como se viu há pouco, os estoicos defendiam que todo o cosmos se dissolveria em fogo, o que seria um momento de conflagração cósmica (*ekpurōsis*).

A explanação estoica do nascimento e da destruição do cosmos é complexa. Enfrentar-se-á muitos dos problemas já encontrados ao discutirmos os dois princípios. Aqui, também, a teoria pode ter se desenvolvido ao longo de vários pensadores do estoicismo inicial, e as fontes doxográficas podem bem confundir detalhes de diferentes versões. Diógenes Laércio relata que, quando o cosmos nasce, sua substância é transformada de seu estado inicial de fogo em ar, depois em água e em seguida em terra (DL, 7.142). Ou melhor, poder-se-ia supor que *parte* do fogo inicial é transformada em ar, e *parte* deste é transformada em água, e assim por diante, de modo que se acaba com uma mistura de todos os quatro elementos. É dessa mistura dos quatro elementos que surgem as variadas formas minerais, vegetais e animais. Isso pode sugerir que, no momento do nascimento, o cosmos é constituído unicamente pelo elemento fogo.

Entretanto, outros relatos da conflagração sugerem que, no momento do nascimento e da destruição, o cosmos é constituído exclusivamente pela razão divina, isto é, pelo *pneuma*. O princípio ativo do *pneuma* é claramente distinto do elemento fogo, que é apenas uma parte do princípio passivo. Contudo, caso se retorne a Diógenes Laércio, ver-se-á que ele sugere que, para haver todos os quatro elementos, o fogo também terá de ser gerado.

> O cosmos formou-se quando sua substância primeiro se converteu de fogo que era (por meio do ar) em umidade, e então a parte mais densa da umidade se converteu em terra, enquanto as partículas mais sutis se transformaram em ar e, tornando-se sempre mais rarefeitas, geraram o fogo. Assim, do processo de mescla desses elementos, derivam as plantas e os animais [...] (DL, 7.142).

Pode-se esquematizar tal processo deste modo:

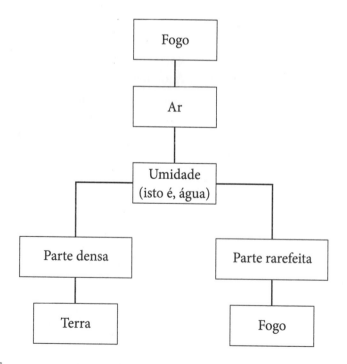

Para que o cosmos desenvolva todas as suas inúmeras formas, todos os quatro elementos são necessários. No entanto, se o fogo do qual todos os outros elementos são gerados é o fogo elemental, por que precisamos desta fase final na qual a parte rarefeita da umidade se transforma em fogo? Uma resposta a isto seria dizer que o fogo inicial não é o fogo elemental, mas sim alguma outra forma de fogo, a ser identificada com deus, e mais tarde descrita como *pneuma*.

De fato, Aécio (1.7.33) relata que os estoicos descreviam deus como um "fogo criativo" (*pur technikon*) e ele sugere que isso é a mesma coisa que o *pneuma* que permeia o cosmos. É necessário, portanto, traçar uma distinção entre o fogo criativo do qual o cosmos nasce e o fogo elemental, que se põe ao lado dos outros elementos de ar, água e terra. Estobeu, ao relatar o que diz Ário Dídimo, confirma esta distinção: "Há dois tipos de fogo: um é incriativo e converte combustível em si mesmo; o outro é criativo e causa crescimento e preservação" (Estobeu, 1.213.17-19). O cosmos nasce deste fogo criativo e é dissolvido de volta no fogo criativo no final de seu ciclo de vida, o momento da conflagração. Nesse instante, o cosmos é puro fogo, isto é, puro *pneuma*. O animal cósmico será pura alma, sem corpo (cf. Plutarco, *St. Rep.*, 1053b). Isso implica que, no momento da conflagração, o cosmos será puro princípio ativo, o princípio passivo fora de algum modo convertido em princípio ativo e aguarda a conversão de volta. Não está claro como os estoicos acreditavam que poderiam justificar essa afirmação.

Depois da conflagração, o cosmos renasce. Então passa por outro ciclo da vida, que culmina em outra conflagração. Este processo continua em uma série sem fim de ciclos, e a vida do cosmos em cada ciclo é idêntica a si mesma no ciclo anterior. O cosmos governado pela razão tem a melhor organização possível, e, como há apenas *uma* melhor organização possível, esta se repete em cada ciclo. Assim, existe o eterno retorno dos mesmos acontecimentos. Em vez de conceber isto como uma *série* sem fim de ciclos, poder-se-ia, em vez disso, concebê-la como um *único* ciclo, que se repete interminavelmente.

Alguns estoicos tardios, dos quais Boécio de Sídon e Panécio são exemplos célebres, rejeitaram a doutrina da conflagração e sustentaram, em vez dela, que o cosmos era indestrutível e existia de modo eterno (cf. DL, 7.142).

DESTINO E PROVIDÊNCIA

Já se viu certa tensão no modo como se apresentaria a física estoica e a teologia. Por um lado, poder-se-ia apresentar os estoicos como materialistas naturalistas rematados; por outro, seria possível apresentá-los como panteístas profundamente religiosos. Essa tensão se estende para as discussões estoicas acerca do destino e da providência. Por um lado, os estoicos, na qualidade de naturalistas, esboçam uma teoria de um determinismo causal rígido, ao passo que, por outro, os estoicos, na qualidade panteístas religiosos, sustentam uma doutrina da divina providência. É possível conciliar essas ideais? Para responder à pergunta, começar-se-á pelo exame da definição estoica de destino.

Para os estoicos, "destino" (*heimarmenē*) é simplesmente um encadeamento de causas, uma ordem e conexão inescapável entre eventos (DL, 7.149; Aécio, 1.28.4). À primeira vista, isso sugere uma concepção quase mecânica do cosmos, que funcionaria como um mecanismo de relógio no qual cada evento segue sem interrupções do seu predecessor. Ao contrário do cosmos epicurista, este cosmos estoico aparentemente mecânico não admite eventos aleatórios ou fortuitos, e, portanto, não há milagres nem atos de livre-

-arbítrio. Qualquer coisa que pareça acontecer por acaso ou sorte é simplesmente determinada por uma causa que escapou à nossa atenção (Aécio, 1.29.7). No entanto, ao lado dessa teoria do destino, os estoicos também sustentam uma doutrina de providência divina. deus, que permeia todo o cosmos, forma o cosmos em um todo harmonioso e ordena os eventos de maneira providencial. O cosmos é "ordenado pela razão e pela providência" (DL, 7.138).

A tensão percebida entre essas duas afirmações, que se tornou uma grande preocupação para os admiradores cristãos do estoicismo no início da modernidade, criou o seguinte problema. Se o destino estoico não admite exceções, então a providência divina está restrita ou limitada pela ordem necessária das causas? A providência estoica é subsumida na ordem das causas que constituem o destino? Ou a providência determina as causas que constituem o destino? Se o último caso for verdadeiro, como pode o destino ser uma ordem necessária de causas se a providência é o produto da vontade de deus? Algumas dessas preocupações refletem os problemas inerentes à tentativa de conciliar a teoria estoica do destino com uma concepção cristã de deus. O problema, porém, é que grande parte de nossas fontes primárias dos estoicos antigos neste tópico deriva de autores cristãos primitivos ou neoplatônicos, alguns dos quais já concebiam deus sob uma ótica, na prática, não estoica. Para complicar ainda mais, as provas que temos e que atribuem explicitamente opiniões aos estoicos antigos, sugerem que haveria algum desacordo interno quanto a este tópico.

Apesar dessas dificuldades, comecemos com um trecho do neoplatônico cristão Calcídio. Segundo Calcídio, Crisipo (embora aparentemente não Cleantes) argumentou que destino e providência são, na verdade, a mesma coisa:

Pois a providência é a vontade de deus; e além disso, sua vontade é a série de causas. Em virtude de ser sua vontade, é providência. Em virtude de ser também a série de causas, recebe o nome adicional de destino. Consequentemente, tudo de acordo com o destino é também produto da providência, e, da mesma forma, tudo em conformidade com a providência é produto do destino. Essa é a visão de Crisipo (*in Tim.*, 144).

A ordem necessária das causas e a vontade de deus são, portanto, a mesma coisa. Outras fontes identificam a ordem das causas não com a vontade de deus, mas com o próprio deus: "A natureza comum e a razão comum da natureza são destino e providência e Zeus" (Plutarco, *St. Rep.*, 1050a-b). Esta identificação é totalmente satisfatória? Para alguns autores cristãos posteriores, não é, porque transforma a vontade de deus em uma ordem necessária de causas, o que implica que deus não poderia ter proceder de outra forma senão como procedeu. Em outras palavras, a identificação de destino e providência nega a liberdade da vontade de deus; para outros autores cristãos, no entanto, isso não precisa ser tanto uma preocupação, pois, se deus é sumamente bom e sumamente racional, então é certo que haverá apenas um procedimento aberto para ele, ou seja, o melhor e mais racional procedimento. Deus não poderia proceder de forma diferente da que já procede, tampouco quereria de proceder de outra maneira. Presume-se que seja neste sentido que os estoicos pensaram que destino e providência poderiam ser reconciliados. Há uma ordem necessária e inalterável de causas que chamamos de destino; mas esta ordem necessária é providencialmente ordenada por deus para ser a melhor ordem possível.

A afirmação de que este é "o melhor de todos os mundos possíveis" recebeu uma paródia célebre de Voltaire em *Cândido* e é refutada diariamente por uma variedade de eventos aparentemente vis e violentos, que resultam tanto de seres humanos quanto da natureza. Existem várias maneiras pelas quais um estoico poderia tentar responder ao ceticismo quanto a essa afirmação. Uma delas seria argumentar que deus, enquanto princípio ativo do cosmos, ordena o cosmos de acordo com seus próprios melhores interesses e não de acordo com os interesses de algum indivíduo humano em particular, ou mesmo dos seres humanos enquanto espécie. Embora os eventos possam não ocorrer sempre da maneira que preferiríamos, no entanto, a maneira como de fato ocorrem é, na verdade, a melhor maneira possível, e nós perceberíamos isso se fôssemos capazes de adotar uma perspectiva cósmica. Outra maneira de responder seria argumentar que os eventos aparentemente desagradáveis que, às vezes, nos acontecem não são tão ruins quanto amiúde supomos. Este segundo tipo de resposta foi adotado por Sêneca em seu ensaio *Providência*.

Os argumentos de Sêneca a respeito da providência visam a enfraquecer a afirmação de que situações desagradáveis são ruins e demonstrar suas potenciais vantagens. Ele repete a afirmação estoica padrão (da qual se tratará mais no Capítulo 5) de que todos os eventos externos são moralmente indiferentes, e, portanto, nenhum evento pode ser inerentemente mau. Ele também sugere que muitas coisas aparentemente dolorosas amiúde têm consequências benéficas muito maiores, como a cirurgia, por exemplo (*Prov.*, 3.2). Mas sua reivindicação principal é que situações adversas oferecem a oportunidade de testar, praticar e desenvolver a virtude. Ele cita o cínico Demétrio, que disse que ninguém é mais infeliz do que o homem que nunca enfrentou adversidade, pois tal homem nunca teve a oportunidade de testar sua virtude (*Prov.*, 3.3). "a calamidade é uma ocasião para a virtude", afirma Sêneca (*Prov.*, 4.6). Além disso, a boa sorte contínua é perigosa, pois torna alguém inexperiente e incapaz de lidar com eventos adversos que certamente estão a caminho (*Prov.*, 4.9-10). Assim, de fato, deveríamos estar mais cautelosos com a boa sorte do que com a má sorte. Esses eventos aparentemente vis que fazem parte do destino providencial deveriam, na verdade, ser recebidos de braços abertos.

Tais argumentos antecipam uma série de argumentos cristãos, com frequência pouco convincentes, que visam a resolver o "problema do mal" e cuja probabilidade de convencer o cético empedernido é baixa. É óbvio que a afirmação de que a ordem das causas no cosmos é a melhor ordem possível para os seres humanos tem seus limites, sobretudo quando se vê diante dos interesses concorrentes de indivíduos particulares. A afirmação de que a ordem das causas é a melhor ordem possível à luz do cosmos como um todo supera esses tipos de objeções, mas levanta outras. Por que, por exemplo, o cosmos presente com relva verde é preferível a um cosmos alternativo no qual a relva é rosa? Se este é o melhor mundo possível, então certamente cada mínimo detalhe estará implicado em sua perfeição.

A solução desta objeção jaz na teoria estoica da simpatia cósmica. Esta sugere que existe uma interação contínua entre todas as partes do cosmos, por mais afastadas que estejam uma da outra. A influência da Lua nas marés era considerada um exemplo dessa simpatia (Cícero, *Div.*, 2.34). Essa simpatia entre todas as partes do cosmos é um produto do fato de que este está impregnado pelo sopro ou pelo pneuma. Se cada parte mínima do cosmos, contudo, tem um impacto simpático em todas as demais, então não será possível alternar nem mesmo a menor minúcia sem provocar consequências abrangentes.

Essa concepção de um cosmos arranjado simpaticamente e organizado de modo providencial em uma série necessária de causas que não admite exceções parece não deixar espaço para a agência humana. Que posição outorgam os estoicos às ações humanas dentro do cosmos determinista? Há algum espaço para o livre-arbítrio? Essa classe de problemas surgiu já na Antiguidade. A resposta clássica ao determinismo rigoroso era conhecida como o "argumento preguiçoso", que, junto com a resposta estoica correspondente, é relatado por Cícero (*Fat.*, 28-30). O "argumento preguiçoso" afirma que, caso se esteja destinado a recuperar-se de uma doença, então recuperar-se-ia independentemente de se entrar em contato com o médico ou não. Por conseguinte, todas as ações humanas se tornariam irrelevantes para as consequências já determinadas dos acontecimentos, de modo que nem seria preciso se dar ao trabalho de atuar.

A resposta estoica a esse argumento, dada por Crisipo, traça uma distinção entre dois tipos de coisas predestinadas: as coisas predestinadas simples e as coisas predestinadas conjuntas. Para Crisipo, uma coisa predestinada simples é necessária e é produto da essência de uma coisa. Por exemplo, o fato de que um ser mortal morre é uma coisa predestinada simples porque a morte é uma consequência necessária do que significa a mortalidade para um ser. Uma coisa predestinada conjunta é mais complexa e implica dois tipos de causas que podemos denominar internas e externas. Por exemplo, "Sócrates morrerá" é uma coisa predeterminada simples em razão de Sócrates ser mortal (sua natureza ou casa interna), contudo "Sócrates morrerá esta tarde" não é uma coisa predestinada simples, porque diversas causas externas podem contribuir para com o resultado junto com a causa interna de sua natureza como ser mortal. Se Sócrates está doente, então a nossa decisão de chamar ou de não chamar a um médico pode ter um impacto considerável na concretização da morte esta tarde ou da sobrevivência para ver um novo dia. Poderíamos dizer que a sobrevivência de Sócrates é "conjunta" com o nosso chamar ao médico. Do mesmo modo, uma mulher que dá à luz a um bebê não pode estar predestinada a fazê-lo independentemente de ter dormido com um homem; em vez disso, ambos os sucessos serão "complexos" e "de destino compartilhado" (Cícero, *Fat.*, 30).

Crisipo emprega essa distinção entre coisas predestinadas simples e coisas predestinadas conjuntas para argumentar que as ações humanas podem influir de fato no resultado dos acontecimentos em um cosmos determinista. Chamar o médico, ou não, efetivamente fará diferença, ainda que o resultado esteja, não obstante, determinado, moldado por uma série de causas tanto internas quanto externas.

Psicologia

Essa preocupação com o papel das ações humanas nos processos cosmológicos maiores do destino nos remete à escala humana. Até agora, concentramo-nos, principalmente, no cosmos como um todo e vimos como os estoicos concebem o cosmos como um ser vivo composto de dois princípios que constituem sua alma e seu corpo. Para os estoicos, essa relação cósmica é espelhada no nível humano. A alma humana é *pneuma*, um fragmento do *pneuma* que constitui a alma de deus. De maneira similar, o corpo humano é um fragmento da matéria que constitui o corpo cósmico. A natureza da relação entre a alma humana e o corpo é, portanto, a mesma que entre a alma cósmica e o corpo.

Consideremos essa relação com um pouco mais de detalhe. Conforme vimos, todas as coisas existentes envolvem os dois princípios da matéria e do *pneuma*, e as qualidades presentes em qualquer coisa existente devem-se à tensão (*tonos*) do *pneuma* nela. Diferentes graus de tensão gerarão diferentes qualidades. Consideramos anteriormente o modo como os estoicos delineiam três qualidades principais que são o produto de diferentes graus de tensão: coesão (*hexis*), natureza ou crescimento (*physis*) e alma (*psyché*). Coesão é a força que mantém unidos objetos físicos inanimados, como pedras. Natureza ou crescimento é aquilo que confere vida vegetativa às plantas. Alma é o poder da vida consciente (com sensação e impulso) encontrado nos animais. O autor estoico Hiérocles dá uma descrição do desenvolvimento dessas qualidades no feto (*El. Eth.*, *1.5-28*). A essas três, podemos adicionar um quarto, ainda mais elevado, grau de tensão – alma racional (*logiké psyché*) – que gera a qualidade da racionalidade em seres humanos adultos (vida consciente com juízo racional, bem como representações e impulsos). Um ser humano racional, então, conterá *pneuma* em todos os quatro níveis de tensão. Ele terá *pneuma* como *hexis* que proporciona coesão a seus ossos, por exemplo; *pneuma* como *physis* em virtude de estar vivo no sentido biológico mais básico; *pneuma* como *psyché* que lhe confere as faculdades animais de representação e impulso; e *pneuma* como *logiké psyché* que concede o poder racional do juízo que pode intervir entre receber representações e atuar com base em impulsos.

A alma humana, portanto, é apenas uma parte do *pneuma* que permeia nossos corpos, ao lado do pneuma nas formas menos complexas de *hexis* e *physis*. Contemos todas as três formas de *pneuma*. O *pneuma* que constitui a alma diz-se permear todo o corpo, como os tentáculos de um polvo (Aécio, 4.21.2). Compreende oito partes (DL, 7.157). Estas são os cinco sentidos – tato, paladar, audição, visão e olfato – além das faculdades de fala e reprodução, e a "faculdade diretriz" (*hegemonikón*; DL, tem *logistikón*, o poder de raciocínio). A "faculdade diretriz" compreende três partes: as faculdades de representação, impulso e assentimento. Destas, as faculdades de impressão e impulso são compartilhadas com os animais não racionais. É a faculdade de assentimento que corresponde ao que poderíamos chamar de eu ou "eu", aquela parte da mente que se envolve em processos conscientes de tomada de decisão.

Dizem que Crisipo afirmou que a "faculdade diretriz" está no coração, em vez de no cérebro (cf. Galeno, *PHP*, 1.6.12; tb. DL, 7.159). Para contextualizar, aproximadamente na mesma época, dois cientistas helênicos, Praxágoras e Erasístrato, desenvolveram uma teoria do sistema nervoso baseada no *pneuma* que se estende por todo o corpo. Praxágoras considerava o coração o centro do sistema nervoso; Erasístrato considerava o cérebro o centro (cf. *PHP*, 1.6-7; Annas, 1992, p. 20-26). Crisipo favoreceu a teoria de Praxágoras e, portanto, afirmou que a faculdade diretriz da alma está no coração. Com mais de dois mil anos de retrospectiva, é fácil dizer que Crisipo fez a escolha errada, mas ao fazê-lo, estava em boa companhia, pois seguia os passos de Aristóteles (cf. *PHP*, 1.6). Vale também notar que nem todos os estoicos seguiram Crisipo na adesão a Praxágoras, e alguns de fato puseram a faculdade diretriz no cérebro (cf. Filodemo, *De Pietate* [PHerc, 1428], 9.9-13, em Obbink, 1996, p. 19-21).

A concepção estoica da alma permanece fiel ao seu naturalismo e materialismo, como pode ser visto no uso, por Crisipo, das teorias científicas então correntes. Contudo, é importante salientar que os estoicos nunca tentam explicar a alma puramente sob a ótica do corpo, apesar de a alma ser constituída pelo *pneuma*, que é, por si só, físico. Os indivíduos são animados porque o cosmos como um todo é animado, e os estoicos não concebem as propriedades da alma, tais como a consciência, como propriedades emergentes que se desenvolvem a partir da matéria inerte. Este estreite parentesco entre os seres humanos particulares e o cosmos como um todo é uma característica distintiva da física estoica. É também central para a ética estoica, para a qual agora nos voltaremos.

5
A ÉTICA ESTOICA

A AUTOPRESERVAÇÃO E A ORIGEM DOS VALORES

De uma grande variedade de fontes antigas nos chega informação da ética estoica, para não falar nas obras remanescentes dos estoicos tardios, Sêneca e Epiteto. Mas talvez as mais importantes descrições da ética estoica a terem sobrevivido sejam as que encontramos em Diógenes Laércio (sobretudo 7.84-131), Ário Dídimo e no livro *As últimas fronteiras do bem e do mal* de Cícero (sobretudo 3.16-76).

O fundamento da ética estoica é uma doutrina que tem sua própria base na física, ou seja, na natureza dos seres vivos. Esta é a doutrina da *oikeiosis* (mas, para alguma contestação quanto a esta ser o ponto de partida da ética estoica, cf. Schofield, 2003, p. 237-8). Esse termo é especialmente difícil de traduzir com um equivalente único em português. Geralmente, foi traduzido como "orientação" e "apropriação". Esta doutrina abre o relato de Diógenes Laércio acerca da ética estoica (DL, 7.85), e também aparece no início do relato da ética estoica em *As últimas fronteiras do bem e do mal* de Cícero (*Fin.*, 3.16). Eis parte da versão de Diógenes, na qual ele cita Crisipo:

Os estoicos dizem que o primeiro impulso do ser vivo é o da sobrevivência, que lhe foi dado desde o início pela natureza. No primeiro livro de sua obra Dos Fins, Crisipo afirma que o primeiro bem (*prōton oikeion*) tido por cada ser vivo é a sua própria constituição física e a consciência de tal constituição (DL, 7.85).

De acordo com a teoria da *oikeiosis*, o desejo ou impulso básico em todos os animais (incluindo os seres humanos) é pela autoconservação. A coisa mais importante para nós é a nossa própria existência e sua continuação. Consequentemente, nossas escolhas e ações mais primitivas são moldadas pelo que pensamos que vai realçar ou danificar nossa própria constituição física. Escolhemos o que pensamos que será bom para nós e evitamos o que pensamos que será mau para nós. Essa atitude aparentemente egoísta (ou pelo menos centrada no próprio indivíduo) é a base para toda a ética estoica. Embora isso possa parecer paradoxal, é provável que seja uma das forças da posição estoica, pois é uma teoria ética que leva a sério o comportamento primitivo de animais e seres humanos, e não tenta fingir que motivações egoístas não estão no coração da maioria das ações das pessoas.

Com base neste instinto de autopreservação, os indivíduos atribuem valor. Assim, aquilo que realçar nossa constituição denominamos "bom" e o que a danificar chamamos de "mau". Diferentemente do platonismo, que postula a existência de um conceito absoluto e transcendente de o "bem" ao qual todas as atribuições de valor se referem, o estoicismo fundamenta as atribuições de valor nesta teoria naturalista e fisiológica da *oikeiosis*.

Para um animal não racional, os objetos que contribuirão para a preservação de sua existência (e, portanto, serão "bons" para ele) são bastante óbvios: alimento, água, abrigo e assim por diante. Para um ser humano adulto racional, estas necessidades físicas básicas são complementadas por outras que também são vitais para a sobrevivência. Se devo sobreviver como um ser racional e não meramente como um animal, então devo buscar aquelas coisas que ajudarão a preservar minha racionalidade, assim como aquelas que preservarão meu corpo. Em outras palavras, devo cuidar da minha alma, assim como cuido do meu corpo.

Consideremos um exemplo. Se estou a fazer o meu melhor para ser um ser racional, livre e independente dos outros, por vezes terei de fazer escolhas que podem parecer não favorecer a minha própria autopreservação. Por exemplo, se um tirano ameaçar matar-me caso eu não concorde em fazer certas coisas que considero reprováveis ou erradas, então, para me preservar como um ser racional, devo enfrentar o tirano, mesmo que isso possa significar a perda da minha vida (cf. Epiteto, *Diss.*, 1.2). Mas por quê? Como poderia o ato de me deixar matar contribuir para a minha autopreservação? Bem, talvez não contribua para a minha autopreservação enquanto meramente um ser vivo, mas ceder ao tirano igualmente me destruiria como um ser racional independente. Posso permanecer biologicamente vivo se ceder ao tirano, mas terei perdido algo muito mais importante, tendo-me reduzido a um escravo. Assim, a doutrina estoica da autopreservação, em casos de seres racionais – isto é, filósofos a trabalhar em direção ao ideal do sábio –, por vezes, levará a escolhas que podem realmente ameaçar a existência física do indivíduo. Mas, então, como Sócrates famosamente disse, não é meramente viver, mas viver bem que importa (Platão, *Críton*, 48b). Este pensamento esteve por trás da decisão de Sócrates de enfrentar a sua execução em vez de aproveitar a oportunidade para fugir. Deve-se enfatizar, no entanto, que tais escolhas não são contra o nosso impulso natural pela sobrevivência; permanecem como produto do desejo pela autopreservação, simplesmente operar com uma concepção diferente do eu, uma acima das necessidades básicas animais e preferências humanas cotidianas. Cícero relata que, à medida que se desenvolve o entendimento, dá-se maior prioridade em ser coerente no que se faz do que em meros benefícios materiais (*Fin.*, 3.21). No caso de Sócrates, viver de acordo com um conjunto coerente de princípios era muito mais importante do que simplesmente viver a qualquer preço. Como Epiteto formulou, "um homem assim não deve ser salvo por meios vergonhosos; ele é salvo ao morrer, e não ao fugir" (*Diss.*, 4.1.165).

Paradoxalmente, é a teoria estoica da autopreservação que constitui a base para a sua posterior defesa infame do suicídio (cf. Rist, 1969, cap. 13). O suicídio pode bem ser o fim para um indivíduo enquanto animal, mas pode ser o ato mais apropriado do indivíduo enquanto ser racional. Em algumas circunstâncias, o suicídio pode ser a única ação racional. Os estoicos romanos, em particular, tornaram-se famosos pela adesão a esta doutrina, sendo o mais famoso de todos Catão. A aceitação de Sêneca do suicídio imposto a ele por Nero foi citada como outro exemplo, que ecoa a escolha feita por Sócrates. Afirma-se, contudo, que vários dos primeiros estoicos também tiraram as próprias vidas, incluindo Zenão (DL, 7.28) e Cleantes (DL, 7.176).

Bens reais e "indiferentes"

Enquanto ser racional, embora se deseje preservar a própria existência física, dar-se-á mais atenção à preservação de si como ser racional, mesmo que isso possa levar ao suicídio. Como os estoicos tentaram explicar essa afirmação paradoxal?

De acordo com Ário Dídimo (5a), Zenão dividiu as coisas existentes em três grupos: coisas que são boas, coisas que são más e coisas que são indiferentes. As únicas coisas classificadas como "boas" são a virtude e as coisas que participam da virtude. Da mesma forma, as únicas coisas que são "más" são o vício e aquelas coisas que participam do vício. (Em vez de "virtude" e "vício", poderíamos traduzir *areté* e *kakía* como "excelência" e "imperfeição".) Tudo o mais é "indiferente" (*adiaphoron*), incluindo a própria vida, reputação, saúde, pobreza ou riqueza e todos os outros objetos externos. Se aceitarmos essa divisão tripartida, então concentraremos toda a nossa atenção em cultivar e preservar a virtude (o único bem), e consideravelmente menos em preservar nossa vida biológica (um mero indiferente).

Como isso se relaciona com a explanação pregressa da autopreservação? Bem, quando alguém diz que algo é bom para si, talvez devêssemos reformular isso e dizer que tem valor para si, mas não é em rigor "bom". Alimentos, água e abrigo todos têm valor para mim, mas não são "bons", pois somente a virtude é boa. Para os estoicos, a virtude é uma disposição excelente da alma; podemos identificá-la com a racionalidade perfeita. Contudo, como vimos, é possível dar uma explicação do valor da virtude também em termos da teoria da autopreservação. A virtude tem valor – é boa – porque contribui para nossa sobrevivência enquanto seres racionais. É aquilo que assegura a condição excelente da alma, de maneira similar à forma como alimentos e água asseguram uma boa condição para o corpo. Mas, se a virtude e os externos, como alimentos e água, podem ter seu valor explicado sob a ótica da teoria da autopreservação, então por que a virtude é agraciada com a categoria grandiosa de ser "boa", enquanto os externos, alimentos e água, permanecem meros "indiferentes"?

Existem três razões para que isso ocorra. A primeira é que, para os estoicos, somos por natureza seres racionais; portanto, a única coisa que é genuinamente boa para nós é aquela que nos preserva como seres racionais, e isso será a virtude. A segunda é que externos, como a saúde física e grande riqueza, não podem ser inerentemente bons porque também podem ser usados para fins ruins. Assim, devem ser moralmente indiferentes, nem bons nem ruins em si mesmos. A terceira, e talvez a mais importante, é que a posse de externos não pode garantir-nos felicidade, mas ter virtude pode, afirmam os estoicos. Retornaremos a essas questões oportunamente, especialmente a relação entre virtude e felicidade. Mas primeiro precisamos considerar mais a fundo a categoria dos indiferentes.

A divisão tripartite do bom, do mau e do indiferente, conforme delineado acima, é atribuída a Zenão. Mas, à luz das críticas de outras escolas, a posição estoica foi desenvolvida mais adiante (por Zenão mesmo, de acordo com Ário Dídimo, 7g). A categoria de "indiferentes" (*adiaphora*) foi ela própria subdividida em "indiferentes preferidos" (*proēgmenon*), "indiferentes não preferidos" (*apoproēgmenon*) e o que poderíamos chamar de genuinamente "indiferentes indiferentes" ou "indiferentes neutros". Cícero fornece um resumo:

> As demais coisas porém, embora nem bens nem males fossem, todavia umas segundo a natureza ele dizia serem, outras contrária; entre estas mesmas contava outras interpostas e médias. E a essas, que fossem segundo a

natureza, ele ensinava deverem ser assumidas e consideradas dignas de certo valor, e inversamente as contrárias; e as que não fossem nem uma nem outra, ele as deixava em posições medianas, e sobre elas fixava nada absolutamente haver de importância. Mas as que devessem ser assumidas, dessas umas mais deverem ser estimadas, outras menos. As que mais, essas ele denominava prepostas, e rejeitadas as que menos (*Acad.*, 1.36-7).

Assim, a posição original, bastante rigorosa, foi suavizada. Em vez de afirmar que todos os externos devem ser puramente indiferentes, os estoicos agora sugerem que não há nada de errado em preferir alguns indiferentes a outros. É perfeitamente natural, sugerem eles, preferir estar saudável em vez de doente, ou rico em vez de pobre. Saúde e riqueza seriam exemplos de "indiferentes preferidos", com doença e pobreza sendo "indiferentes não preferidos". Quanto a indiferentes completamente neutros, sem qualquer força motivadora, um exemplo seria se alguém tivesse um número ímpar ou par de cabelos na cabeça.

Na terminologia estoica, os indiferentes preferidos que contribuem para o nosso bem-estar físico têm valor (*axia*), mas não são bons da maneira como a virtude é boa. A saúde tem um certo valor (devido à sua contribuição para a nossa autopreservação física), mas não é boa (cf. Cícero, *Fin.*, 3.44). Coisas que têm valor, como saúde, riqueza, reputação e assim por diante, são todas coisas que podem acumular; pode-se ser mais ou menos saudável, mais ou menos rico. Mas a virtude, por contraste, não admite graus e não pode ser acrescentada dessa forma (cf. *Fin.*, 3.45-8). Se algo está certo ou errado, bom ou mau, então não há graus de bondade. Assim, uma vida boa é igualmente boa, seja longa ou curta, portanto, a morte não pode afetá-la (outra razão para a aceitabilidade do suicídio). Além disso, todas as ações ruins são igualmente ruins, dizem os estoicos, não importa a sua aparente seriedade ou trivialidade. Isso também significa que a bondade de uma vida boa não pode ser aumentada pela adição de saúde ou riqueza. Portanto, embora essas coisas possam ter algum valor, elas permanecem meramente indiferentes preferidos e não contribuem para a bondade de uma vida boa.

A posição estoica talvez se torne mais clara se a situarmos em relação a duas outras teorias éticas antigas: a dos cínicos e a dos aristotélicos. Os cínicos concordariam com os estoicos de que a virtude é o único bem, mas rejeitariam qualquer tentativa de priorizar entre os indiferentes. De fato, a posição original de Zenão pode muito bem ter sido inspirada pelo tempo que passou estudando com o cínico Crates. Mas foi a introdução por Zenão da subdivisão dos indiferentes que marca o início de uma posição claramente distinguível dos estoicos. Os aristotélicos, por outro lado, concordariam com os estoicos de que externos como saúde e riqueza devem ser valorizados. De fato, Aristóteles argumentou que tais coisas são necessárias, juntamente com a virtude, para uma vida feliz (p. ex., amigos, na *Ética a Nicômaco,* 9.9). Mas os estoicos não iriam tão longe. Embora externos como saúde e riqueza tenham valor, eles não são necessários para uma vida feliz, afirmam os estoicos. A virtude sozinha é suficiente para a felicidade, e ao afirmar isso os estoicos permaneceram em acordo com os cínicos. Sua posição, portanto, está a meio caminho entre as posições cínica e aristotélica; a virtude é o único bem, mas alguns externos devem ser preferidos a outros.

A evolução da posição estoica por Zenão não foi unanimemente aceita. O estoico Aristo rejeitou essa subdivisão dos indiferentes (cf. DL, 7.160) e manteve a posição original, que estava mais alinhada com a posição dos cínicos. Talvez sua preocupação fosse que o estoicismo rapidamente se tornasse indistinguível da posição aristotélica. De fato, filósofos da Academia, como Carnéades, Antíoco e Cícero, afirmaram que a distância entre a posição estoica revisada e a posição aristotélica era meramente uma questão de palavras, em vez de conteúdo filosófico substancial (cf. Cícero, *Fin.*, 3.10, 3.41).

Entre os estoicos posteriores, Epiteto oferece uma distinção conceitual interessante que também é relevante aqui. Para Epiteto, as coisas podem ser divididas em duas categorias: aquelas que são "encargos nossos" (*eph' hēmin*) e aquelas que "não são encargos nossos" (*ouk eph' hēmin*). São "encargos nossos" nossas opiniões, desejos e ações; tudo o mais – nossos corpos, posses, reputações – não "são encargos nossos". Para Epiteto, deveríamos focar toda a nossa atenção naquilo que é "encargo nosso", sem prestar atenção às coisas que estão fora do nosso controle.

> Das coisas existentes, algumas são encargos nossos, outras não. São encargos nossos o juízo, o impulso, o desejo, a repulsa – em suma: tudo quanto seja ação nossa. Não são encargos nossos o corpo, as posses, a reputação, os cargos públicos – em suma: tudo quanto não seja ação nossa. Por natureza, as coisas que são encargos nossos são livres, desobstruídas, sem entraves. As que não são encargos nossos são débeis, escravas, obstruídas, de outrem (*Ench.*, 1.1-2).

Pode-se observar que todos os indiferentes, quer preferenciais quer não preferenciais, enquadram-se na categoria de "não ser nossos encargos". Epiteto faz questão de salientar que, embora alguns desses externos possam ser nominalmente melhores do que outros, escolher entre eles não é realmente uma tarefa digna de nossa atenção minuciosa. Em vez disso, deveríamos concentrar toda a nossa atenção no desenvolvimento da única coisa que é genuinamente boa, a saber, nossa virtude ou excelência, que reside na única coisa da qual temos algum controle real, a saber, nossa faculdade de "escolha" (*prohairesis*). Por feliz coincidência, a única coisa que é genuinamente boa reside na única coisa da qual temos algum controle real.

Para Epiteto, não se trata de rejeitar a distinção entre indiferentes preferíveis e não preferíveis. Ele não vê problema em que as pessoas prefiram a saúde em vez da doença, por exemplo. Mas, quando comparados com os benefícios que a virtude pode conferir, é claro, segundo ele pensa, no que nossa atenção deve se concentrar – na aquisição e preservação da virtude, o único bem verdadeiro. Ele também está bem ciente dos riscos envolvidos na busca por indiferentes preferíveis. Não só é provável que se acabe por atribuir valor excessivo a essas coisas, caso se comece a lhes prestar muita atenção, mas também é provável que se fique frustrado ao não conseguir assegurar esses externos. É um pequeno passo dessa frustração para uma emoção violenta e todo o dano psicológico que tais emoções podem trazer. Embora Epiteto possa reconhecer que é preferível ser rico a pobre, os riscos envolvidos na busca ativa pela riqueza são demasiadamente grandes. Em vez disso, deveríamos concentrar toda a nossa atenção no cultivo da virtude, um estado excelente e saudável da alma.

AS EMOÇÕES

Como acabamos de observar, Epiteto sugere que devemos prestar atenção somente ao que é "encargo nosso" (*ephi hemin*), e a única coisa que o é verdadeiramente é a nossa faculdade de "escolha" (*prohairesis*), parte da faculdade diretriz (*hegemonikon*) de nossa alma. As únicas coisas das quais temos controle completo são nossos juízos, realizados por essa faculdade de "escolha". No entanto, isso não constitui aspecto negativo, pois é o meio pelo qual somos capazes de garantir a única coisa que tem valor real, nomeadamente, a virtude, e esta virtude é a única capaz de nos proporcionar autêntica felicidade.

Pode-se objetar que essa explicação omite uma parte substancial de nossas vidas internas da qual não parece haver controle algum, a saber, nossas emoções (*pathē*), uma influência vital em nossa felicidade. No entanto, não é o caso. Para os estoicos, as emoções são, por si mesmas, juízos. Como tal, também se enquadram no âmbito das coisas que são "encargos nossos". Para ser mais preciso, relata-se que Crisipo considerava as emoções como juízos (Cícero, *Acad.*, 1.39; Galeno, *PHP*, 5.1.4), enquanto Zenão as considerava *produto de juízos* (DL, 7.111; Galeno, *PHP*, 5.1.4). Parece razoável supor que Crisipo tentava aprimorar a posição de Zenão, talvez em resposta a críticas de outras escolas, mas a posição de Zenão é a mais plausível das duas. Considere o seguinte exemplo. Um parente morre em um trágico acidente e, com o passar do tempo, as emoções relacionadas a esse evento diminuem gradativamente até que, por fim, talvez apenas décadas depois, não se esteja mais emocionalmente abalado pelo evento. No entanto, ainda se pode manter firmemente o juízo de que o que aconteceu foi, de fato, uma coisa terrível (que, talvez, poderia ter sido facilmente evitada). Não seria possível continuar a manter esse juízo depois do desaparecimento da emoção se o juízo e a resposta emocional fossem idênticos. Portanto, parece mais plausível sugerir que as emoções são produto de juízos, em vez de serem elas mesmas juízos.

Deixando de lado esse debate interno entre os estoicos, como concebiam as emoções, fossem elas juízos ou produto de juízos? Fizeram-no delineando um processo que leva à formação delas.

Recordemos a discussão de epistemologia no Capítulo 3. Lá, consideramos o relato de Gélio de sua viagem marítima na companhia de um filósofo que explicou seu aparente medo durante uma tempestade. O filósofo fez isso referindo-se a um trecho de Epiteto que apresentava a seguinte explicação para a formação das emoções. Primeiro, recebemos representações que nos apresentam objetos externos, e não temos controle delas. Depois, fazemos um juízo das representações recebidas, e esse juízo é um ato de assentimento do qual temos controle. Como vimos, às vezes adicionamos um juízo de valor inconsciente às nossas representações; em vez de enfrentarmos a representação neutra em valor "há uma onda em cima de minha cabeça", somos confrontados com "há uma onda em cima de minha cabeça e *isso é terrível*". Agora, se assentirmos a uma representação que inclui um desses juízos de valor inconscientes, então criaremos uma resposta emocional. O filósofo marítimo de Gélio afirmou não ter feito tal assentimento, tendo sido apenas brevemente abalado por um "primeiro movimento". No entanto, os outros passageiros podem muito bem ter assentido a uma representação carregada de valor e, assim, sofrido uma reação emocional desagradável.

Antes de avaliarmos propriamente as emoções, consideremos os "primeiros movimentos". Estes são as respostas físicas imediatas que as pessoas às vezes têm às representações *antes* de terem tido a chance de formar um juízo do que acontece e, assim, ter uma emoção propriamente dita. É importante não confundir esses primeiros movimentos com emoções genuínas. Já vimos o relato do filósofo marítimo de seus próprios primeiros movimentos na tempestade. Outro exemplo seria quando alguém se assusta com um barulho repentino. O fato de alguém reagir dessa maneira não significa que, por exemplo, sofra da emoção de medo. A discussão mais completa dos primeiros movimentos pode ser encontrada no segundo livro de Sêneca, *Ira*. Ele escreve:

> a paixão não é ser movido em função de imagens que nos ocorrem dos fatos, mas entregar-se a elas e seguir esse movimento fortuito. Realmente, se alguém considera um indício de paixão e um sintoma do estado da alma a palidez e as lágrimas caindo, a excitação de um desejo obsceno ou um suspiro profundo, um olhar repentinamente mais acerbo ou algo semelhante a tais coisas, engana-se e não entende que estes são impulsos do corpo (*Ira*, 2.3.1-2).

Essas reações físicas repentinas não constituem emoções. Uma emoção envolve um ato consciente de assentimento a uma representação. O filósofo marítimo, embora pálido e trêmulo diante da tempestade, não sofreu de uma emoção porque, uma vez que esses movimentos físicos imediatos diminuíram, ele não assentiu à proposição de que algo ruim acontecera.

Como produto de um assentimento, os estoicos afirmavam que as emoções estão completamente sob nosso controle. Não apenas são coisas que podemos controlar, mas também são coisas que devemos controlar. São (como vimos no Capítulo 2) doenças da alma análogas às doenças do corpo, e é tarefa da filosofia curar-nos dessas doenças mentais. São o produto de juízos equivocados, ou seja, assentimentos a representações que incluem atribuições indevidas de valor. São, portanto, consequência de um raciocínio deficiente de nossa parte e, assim, não devem ter lugar na vida de um ser racional que funciona adequadamente, e decerto não figurarão na vida do sábio racional por completo. Epiteto chega a sugerir que esses erros aparentemente triviais de raciocínio causariam, em última instância, grande morte e destruição, pois foi um assentimento defeituoso que levou Páris a fugir com Helena e um assentimento defeituoso semelhante que levou Menelau a persegui-lo e atacar Troia (cf. *Diss.*, 1.28.12-13) Os eventos relatados na *Ilíada* de Homero são meramente o produto de uma série de assentimentos defeituosos. O mesmo se aplica aos eventos registrados nas grandes tragédias (*Diss.*, 1.28.32). Se há algo trágico nessas histórias famosas, Epiteto sugere, é apenas que os protagonistas são tão tolos que assentem às suas representações carregadas de valor sem antes pausar para analisá-las.

Os estoicos oferecem uma classificação detalhada das emoções que considerem prejudiciais e que devem ser evitadas. Cícero, provavelmente seguindo Crisipo, propõe uma divisão quádrupla das emoções em crenças acerca de coisas boas e más, quer presentes no momento, quer esperadas no futuro (*Tusc.*, 4.14):

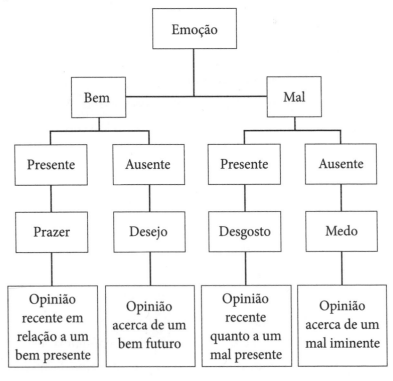

Todas as diversas emoções normais que sentimos na pele enquadram-se em uma dessas quatro categorias. Daí podemos ver que os estoicos sustentavam que mesmo as respostas emocionais a situações aparentemente favoráveis deveriam ser evitadas. É tão equivocado e potencialmente prejudicial consentir com a representação de que um estado externo de coisas é bom quanto o é com a representação de que é mau. Primeiramente, é simplesmente um erro de raciocínio; as representações relatam estados de coisas e qualquer atribuição de valor, seja positiva ou negativa, é uma adição injustificada. Em segundo lugar, afirma que um externo, ou seja, um indiferente, é bom quando, de fato, apenas a virtude é boa. Em terceiro lugar, é perigoso porque cria uma situação na qual uma mudança no estado externo de coisas poderia levar a emoções ainda piores. Se pensarmos que um evento particular – ganharmos na loteria, digamos – é bom, então seremos dominados pela emoção de prazer, mas quando percebermos que não conseguimos encontrar nosso bilhete premiado, o sofrimento que teremos será muito pior. Portanto, tanto as emoções positivas quanto as negativas devem ser evitadas. Assim, os estoicos propõem um ideal ético de *apatheia*, liberdade de todas as emoções.

No entanto, eles também sugerem que existem *eupatheiai*, boas emoções, que podem fazer parte de uma vida plenamente racional:

> De acordo com os estoicos, existem igualmente três disposições passionais boas da alma (*eupatheiai*): a alegria (*charan*), a cautela (*eulabeian*) e a vontade (*boulēsin*). Eles dizem que a alegria é contrária ao prazer, porquanto é uma exaltação racional; a cautela é contrária ao medo, porquanto evita racionalmente o perigo. Logo, o sábio nunca será medroso, e sim cauteloso. Os estoicos dizem ainda que a vontade se opõe à concupiscência, por ser um apetite racional (DL, 7.116).

Esses três tipos de boa emoção contêm outros: por exemplo, desejar inclui benevolência e amizade; cautela inclui modéstia e reverência; alegria inclui júbilo e jovialidade.

Alguns críticos antigos descartaram a introdução dessas boas emoções como meramente brincar com palavras: alegria é simplesmente prazer renomeado; cautela é apenas medo reconfigurado; vontade é apenas desejo com o capuz de outro nome (cf. Lactâncio, *Div. Inst.*, 6.15.10-11). Essas chamadas boas emoções realmente diferem das outras emoções?

À primeira vista, simplesmente adicionar o adjetivo "racional" ao descrever essas três boas emoções parece ser uma petição de princípio. No entanto, seria um erro descartar isso rapidamente. Uma emoção pode, de fato, ser racional se, por exemplo, for o produto de um assentimento que seja correto. Para que uma emoção seja produzida, a representação a que se assentiu deve conter alguma forma de juízo de valor. Como vimos, esses são geralmente acréscimos injustificados que a mente inconsciente faz: "há uma onda em cima da minha cabeça e *isso é terrível*". Mas tal avaliação será justificada e, portanto, racional, quando houver um bem genuíno presente. Como sabemos, o único bem genuíno é a virtude. Mas a virtude pode ser a base para uma emoção, uma boa emoção. Assim, a boa emoção de alegria será a emoção vivenciada pelo sábio quando ele estiver plenamente ciente de sua própria virtude. Como Sêneca formula, a alegria é uma exaltação da alma que confia na bondade de suas posses (*Ep.*, 59.2). Esta será uma boa emoção por três razões, que espelham as três razões pelas quais as emoções normais são ruins. Primeiro, será racional em vez de ser o produto de um juízo errôneo. Em segundo lugar, refletirá a genuína bondade da virtude. Em terceiro lugar, refletirá um estado interno de coisas e, portanto, não será vulnerável a mudanças de fortuna. A boa emoção de alegria será, assim, autossuficiente, enquanto a emoção normal do prazer, por exemplo, será dependente de estados externos de coisas. O sábio pode deleitar-se em sua alegria, pois sabe que ela não é vulnerável às vicissitudes da fortuna. Da mesma forma, a cautela seria racional diante de um cenário futuro genuinamente ruim, ou seja, a perda da própria virtude. A vontade seria um desejo racional por um bem genuíno, novamente a virtude. Não há boa emoção que corresponda à emoção normal de angústia. Por quê? Bem, o sábio só sentiria angústia se confrontado com um mal presente, e a única coisa genuinamente ruim é o vício. Mas como sábio, ele está completamente livre do vício.

Podemos ver que a caricatura tradicional do estoico de rosto impassível, desprovido de toda emoção, não conta toda a história. O estoico certamente rejeitará certas emoções como produto de juízos confusos, mas ele não será completamente desprovido de alegria. Ele vivenciará boas emoções como respostas racionais a bens genuínos. Mas ele não sofrerá emoções irracionais como resultado de assentir a impressões confusas e injustificadas carregadas de valor.

A exposição anterior das emoções é, em linhas gerais, a posição ortodoxa estoica. Segundo Galeno, Possidônio desviou-se dessa explicação intelectualista das emoções, adotando uma teoria tripartida da alma nos moldes daquela delineada por Platão em *A república*, na qual a razão e a emoção ocupam faculdades separadas. Até que ponto o testemunho de Galeno é confiável é objeto de debate acadêmico. O que é claro, no entanto, é que os estoicos posteriores – Sêneca e Epiteto, por exemplo – permaneceram fiéis à posição ortodoxa.

Ação apropriada

A explicação estoica das emoções nos dá uma boa ideia de um tipo de comportamento que os estoicos consideravam inadequado, a saber, assentir a representações que contêm atribuições injustificadas de valor. Mas o que eles afirmariam ser um comportamento apropriado? À luz da teoria da apropriação (*oikeiosis*), a ação mais fundamental apropriada (*oikeion*) para todos os animais e seres humanos é tentar preservar a própria existência (cf. Cícero, *Fin.*, 3.20). Poderíamos chamar isso de uma teoria do egoísmo natural. Como vimos, para um ser racional, isso significará tentar preservar-se como um ser racional. A maneira de fazer isso é cultivando a virtude, que também é a única coisa que merece ser chamada de "boa". No entanto, os estoicos também oferecem uma série de outros tipos do que chamam de "ação apropriada" (*kathēkon*; "função correta" em LS).

Uma ação apropriada é aquela que seria natural para um animal realizar, como uma que contribuiria para sua sobrevivência e estaria de acordo com sua própria natureza (cf. DL, 7.108). Algumas ações apropriadas serão imediatamente e obviamente tais, como a busca por comida e água; outras exigirão pensamento e deliberação para determinar sua adequação. À primeira vista, parece que estas deveriam estar conectadas com a classe dos indiferentes preferidos. Assim, poderíamos dizer que é apropriado buscar indiferentes preferidos, mas inadequado buscar indiferentes não preferidos. De fato, Ário Dídimo relata que os tópicos dos preferidos e do apropriado são coerentes um com o outro (Ário Dídimo, 8). Os estoicos avançam para postular uma categoria adicional de ação: a "perfeita" ou "completamente correta" (*katorthōma*). Assim como as ações apropriadas podem ser vistas como correspondendo à busca de indiferentes preferidos, as ações completamente corretas podem ser vistas como correspondendo a ações puramente virtuosas. Ações completamente corretas são elas mesmas ações apropriadas, mas nem todas as ações apropriadas são completamente corretas. As que não o são são conhecidas como ações apropriadas "médias" ou "intermediárias" (*meson kathēkon*). Há, então, parece, dois tipos de ação apropriada: aquelas que correspondem à busca de indiferentes preferidos e aquelas que se relacionam com a virtude. Como os indiferentes preferidos, as ações apropriadas são neutras em valor e, como a virtude, as ações completamente corretas são boas.

Na verdade, talvez devêssemos limitar o paralelo entre indiferentes preferidos e ações apropriadas ao fato de que nenhum dos dois é inerentemente bom ou mau, em vez de tentar afirmar que as ações apropriadas estão preocupadas apenas com indiferentes preferidos. O ponto importante a enfatizar é que as ações apropriadas podem ser realizadas por qualquer um, até mesmo por animais não racionais, enquanto as ações completamente corretas estão limitadas àqueles que têm virtude.

Dado que as ações completamente corretas são instâncias de ações apropriadas, como elas diferem de outras ações apropriadas? Quais características as ações completamente corretas têm que as distinguem de outras ações apropriadas? Para responder a essa pergunta, consideremos dois exemplos. Primeiro, imaginemos alguém que, sem muito pensamento consciente ou consideração, age ao longo de sua vida de maneira perfeitamente razoável, age de acordo com sua própria natureza. As ações de tal pessoa seriam apropriadas. Em segundo lugar, imaginemos outra pessoa que age *exatamente* da mesma maneira, mas o faz depois de ter deliberado conscientemente e chegado a uma conclusão firme de que essas são as ações mais apropriadas a serem realizadas. As ações dessa segunda pessoa não seriam apenas apropriadas, mas também completamente corretas, pois derivariam do tipo certo de disposição mental interna, ou seja, a virtude. Embora os resultados possam ser iguais, o comportamento da segunda pessoa é preferível, pois brota de sua virtude e, portanto, será mais coerente.

Aqui, podemos recordar a distinção que Platão fez no *Górgias* entre procedimentos que são o produto de tentativa e erro – uma mera habilidade – e procedimentos que são o produto de genuína perícia – uma arte ou ofício (Górgias, 463b). Embora a distinção platônica seja ligeiramente diferente da que se discute aqui, há um paralelo. O primeiro indivíduo age de maneira apropriada sem muita deliberação consciente; podemos dizer que eles têm uma habilidade, mas não seriam capazes de dar uma explicação da razão pela qual agem como agem. O segundo indivíduo, no entanto, seria capaz de dar uma explicação de suas ações apropriadas, pois elas brotam de sua virtude, que, como vimos no Capítulo 2, os estoicos concebem como uma arte ou ofício. Embora as ações resultantes possam ser iguais, naturalmente seria melhor que elas resultassem de uma genuína perícia em vez de experimentação por tentativa e erro ou apenas sorte inconsciente. A pessoa que age de maneira apropriada devido à sua perícia estará confiante de que poderá continuar a fazê-lo no futuro de uma maneira que o amador sortudo não poderá. É isso que tornará suas ações não apenas apropriadas, mas também completamente corretas.

Esse foco na disposição interna do agente, em vez do resultado real de uma ação ao avaliar seu valor, levou alguns a traçar paralelos entre a ética estoica e a ética kantiana (retornaremos a Kant no Capítulo 6).

Virtude e felicidade

Os estoicos, então, sugerem que uma ampla gama de ações pode ser apropriada, por estar de acordo com nossa natureza, mas não necessariamente boa. Como vimos, apenas a virtude é considerada boa. Os estoicos também sugerem que é a única coisa com a qual devemos nos preocupar. Por quê? Os estoicos acham que há algo inerentemente bom em ser virtuoso? Em certo sentido, eles claramente acham que sim, já que afirmam que a virtude é, por si só, digna de escolha (cf., p. ex., DL, 7.89). No entanto, os estoicos não seguem Platão ao postular a existência de uma concepção transcendente do "bem". Como vimos, para os estoicos, os juízos de valor se originam na teoria da autopreservação. Ser virtuoso é bom porque, de certa forma, é bom, para *mim*, ser virtuoso.

Esse pensamento é desenvolvido na afirmação de que a virtude pode ser identificada com a felicidade. Se formos virtuosos, seremos felizes. Se quisermos ser felizes, devemos ser virtuosos. Os estoicos, como a grande maioria dos filósofos antigos, são "*eudaimônicos*". A palavra que geralmente é traduzida como "felicidade" nas discussões de filosofia antiga é *eudaimonia*. Os estudiosos notam regularmente que o significado de *eudaimonia* é um tanto mais amplo do que o significado da palavra vernácula "felicidade". Refere-se a um bem-estar substantivo na vida de alguém, em vez de um mero sentimento subjetivo de contentamento. Assim, às vezes, é traduzida como "bem-estar" ou "florescimento" em vez de "felicidade". O ponto importante aqui é que os estoicos, como tantos outros filósofos antigos, pensam que *eudaimonia* é algo bom e universalmente desejável. É o *sumo bem*, ou seja, aquilo "pelo qual tudo é feito, mas que não é feito por causa de mais nada" (cf. Long, 1989, p. 77). Nenhum argumento é fornecido para justificar essa afirmação em nenhuma das escolas antigas; é a grande suposição implícita na ética antiga. No entanto, isso não é motivo para suspeita; pelo contrário, é mais provável que suspeitemos do bem-estar psicológico de alguém que *não* aceite *inequivocamente* que deseja ser feliz e viver bem.

À luz disso, podemos dizer que a ética estoica começa com uma condicional. A condicional é "Se você quer ser feliz, então...". Como vimos, os estoicos identificam a felicidade com a virtude, independente de todos os fatores externos. Então, sua posição pode ser resumida como "Caso se queira ser feliz e viver bem, então, deve-se tentar tornar-se virtuoso, pois apenas a virtude pode trazer felicidade". Caso não se queira viver bem, então o estoicismo não oferece nenhum argumento para convencer a quem não o quer de que deveria e não tem mais nada a oferecer a essa pessoa.

Já que se mencionou a tradução de *eudaimonia* como felicidade, também se deve considerar brevemente o significado de "virtude". A palavra grega traduzida como "virtude" aqui é *aretē*. A palavra *aretē* tem um significado muito mais amplo do que a palavra vernacular "virtude" e não necessariamente tem as pesadas conotações morais desta última. É, por exemplo, às vezes traduzida como "excelência". De fato, Zenão e Crisipo definiram virtude como "uma disposição e faculdade do princípio governante da alma trazida à existência pela razão" (Plutarco, *Mor.*, 441c). Assim, podemos dizer que para os estoicos a virtude é esse princípio governante da alma em um estado excelente ou aperfeiçoado. É, diz Aristo, uma "saúde" (Plutarco, *Mor.*, 441c), ou seja, um estado saudável da alma. Como vimos no Capítulo 2, a filosofia para os estoicos é uma arte, análoga à medicina, que se preocupa com a saúde da alma. Assim, podemos dizer que se alguém quer viver bem, então deve tentar cultivar um estado saudável da alma. Isso é bastante diferente de uma certa imagem tradicional do estoicismo na qual se sugere que o indivíduo deve se sacrificar à busca da virtude altruísta.

A exposição da relação entre felicidade e virtude apresentada aqui se aproxima do que Long chamou de leitura "utilitarista" da ética estoica (cf. Long, 1970-1971, p. 95-96). Essa leitura sugere que a virtude deve ser perseguida apenas conforme trouxer felicidade. Long está correto ao apontar que os estoicos também afirmam que a virtude é algo digno de escolha por si só, algo inerentemente valioso que não é escolhido por algum outro motivo, como a felicidade. Mas isso sugere que a virtude, e não a felicidade, tornou-se o *sumo bem*, aquilo que não é escolhido pelo bem de qualquer outra coisa. Como pode a virtude ser algo digno de escolha por si só quando a felicidade é a única coisa não escolhida pelo bem de qualquer outra coisa?

Quando Diógenes Laércio relata que a virtude é digna de escolha por si só, ele acrescenta que ela não é escolhida por esperança ou medo ou pelo bem de algum motivo externo (DL, 7.89). No entanto, seria estranho caracterizar a felicidade de qualquer uma dessas óticas. Fazer isso implicaria que a felicidade é como benefícios externos, como riqueza ou fama. Talvez uma maneira de contornar esse problema, então, seja enfatizar a íntima inter-relação entre virtude e felicidade para os estoicos. Assim, pode-se dizer que a virtude é intrinsecamente valiosa para os estoicos precisamente porque constitui a felicidade, o *sumo bem*, em vez de ser meramente um meio para a felicidade de maneira instrumentalista. De fato, é exatamente isso que Diógenes continua a dizer em seu relato: "é na virtude que consiste a felicidade" (DL, 7.89). Ter uma excelente disposição da alma garantirá a felicidade; inversamente, não será possível ser feliz sem tal disposição. Virtude e felicidade andam de mãos dadas, apesar de permanecerem conceitualmente distintas.

Viver segundo a natureza

Se quisermos ser felizes, viver bem, então devemos cultivar a virtude ou excelência. O que isso significa na prática é concentrar nossa atenção no estado interno de nossas almas em vez de objetos externos que estão fora de nosso controle. Embora grandes riquezas e uma carreira de sucesso possam ser agradáveis, elas não nos trarão uma vida plena se internamente formos um emaranhado caótico de opiniões confusas, emoções violentas e crenças contraditórias. Esse ideal ético proposto pelos estoicos é apresentado, de modo célebre, como viver de acordo com a natureza.

De acordo com as fontes antigas, Zenão propôs viver em harmonia ou de maneira coerente (*homologoumenōs*). Essa harmonia é consigo mesmo? Isso é certamente o que Ário Dídimo sugere, e se encaixa bem com o resumo anterior. Se vivermos de maneira coerente, então seremos internamente coerentes e racionais, livres de crenças e emoções conflitantes.

Também se atribui a Zenão a definição do objetivo como viver em harmonia com a natureza (DL, 7.87), embora outras fontes atribuam essa versão mais completa ao seu sucessor Cleantes (Ário Dídimo, 6a). Se supusermos que a versão mais completa é simplesmente uma tentativa de tornar o pensamento original mais claro, em vez de uma inovação na doutrina, então a questão de quem excogitou esta tese não é tão importante.

Viver em harmonia com a natureza é viver em harmonia com a própria natureza, ou a natureza do cosmos como um todo? São ambas as coisas (cf. DL, 7.87-8). Na verdade, é possível discernir três aspectos dessa doutrina. O primeiro é a ideia de viver harmoniosamente consigo mesmo, ou seja, viver de maneira coerente e livre de conflito emocional interno. O segundo é a ideia de viver de acordo com a própria natureza, viver de acordo com a natureza como um ser racional e, em particular, seguir isso em vez de reagir passivamente a forças externas. O terceiro é a ideia de trazer a si mesmo em harmonia com a natureza como um todo. Como a natureza como um todo é organizada pelo princípio ativo que é deus, e como nossa própria natureza é apenas uma parte disso, não haverá conflito entre viver de acordo com nossa própria natureza e viver de acordo com a natureza como um todo.

Para explorar essas ideias mais a fundo, comecemos considerando uma entidade que vive de acordo com sua própria natureza. Uma entidade que atue de acordo com sua própria natureza, a menos que seja impedida por alguma força externa, muitas vezes outra entidade que age de acordo com sua própria natureza. Nesse sentido, atuar de acordo com a própria natureza é simplesmente não ser impedido por causas externas e, portanto, ser livre (no que podemos chamar de sentido político de liberdade, em vez do sentido metafísico). Mas, é claro, todo ser finito encontrará causas externas que limitarão sua liberdade. Idealmente, desejar-se-á reduzir o número desses encontros que limitam a liberdade e reduzir o impacto que eles têm quando ocorrem. Uma maneira de alcançar isso é reduzir a dependência de bens externos. Se a felicidade de alguém depender exclusivamente de sua virtude, como o estoicismo argumenta que deveria, então alguém se tornará imune a uma série de causas externas que, de outra forma, criariam efeitos adversos, como o ladrão que leva sua carteira, por exemplo.

É claro que, como um ser finito, nunca será possível tornar-se completamente livre e invulnerável a eventos externos. Apenas a natureza como um todo, personificada como deus, é completamente livre porque apenas a natureza como um todo não tem nada externo a si. Não há causas externas à natureza que possam impedir suas ações (cf. Cícero, *ND*, 2.35). Além disso, enquanto pode haver muitas coisas que são contra a minha própria natureza, não há nada que seja contrário à natureza como um todo, pois tudo faz parte da natureza como um todo.

Um aspecto de "viver de acordo com a natureza" é cultivar uma nova perspectiva do mundo que tenta ver as coisas à luz da natureza como um todo, em vez de apenas da própria perspectiva limitada. É isso que Marco Aurélio tenta realizar em várias seções das *Meditações*:

> Você pode eliminar muitos problemas que o afetam, pois muitos se encontram inteiramente em seu próprio juízo. E você imediatamente abrirá um grande e amplo espaço para si mesmo, captando o mundo todo em seu pensamento, contemplando a eternidade do tempo e refletindo na rápida mudança de cada coisa em cada parte. Quão breve é o intervalo desde o nascimento até a dissolução! Quão imenso é o abismo de tempo antes de seu nascimento, e uma infinidade igual depois de sua dissolução! (*Med.*, 9.32)

Como já vimos, nossos juízos de valor acerca de objetos externos derivam de nosso desejo de autoconservação, que se baseia em nossa perspectiva pessoal, no que é bom ou ruim para nossa própria natureza. Marco Aurélio sugere que tentemos transcender essa perspectiva limitada e, de certa forma, adotar o modo de ver da natureza como um todo – a perspectiva de deus, por assim dizer. Se conseguirmos fazer isso, não julgaremos mais objetos e eventos externos como bons ou maus "para mim", e isso contribuirá para nossa compreensão plena do status de todas essas coisas como "indiferentes". É claro que nunca dominaremos completamente essa perspectiva, assim como nunca seremos completamente livres, porque somos seres finitos. Nossas necessidades biológicas básicas continuarão a nos forçar a selecionar aquelas coisas que são boas para nós e evitar aquelas que são ruins para nós, mesmo que as reclassifiquemos como indiferentes preferidos e não preferidos. A presença de entidades externas inevitavelmente limitará nossa liberdade de tempos em tempos. É por isso que o sábio estoico é tão raro? A vida do sábio é literalmente impossível de alcançar para nós, pois exige uma perspectiva e liberdade que apenas a natureza como um todo pode ter? Isso pode ajudar a explicar por que nenhum estoico jamais se disse sábio.

Viver de acordo com a natureza é uma ideia que tem várias dimensões. Por um lado, implica viver de acordo com nossa própria natureza racional e concentrar nossa atenção em nossa virtude concebida como uma disposição excelente da alma. Na prática, isso significa analisar nossos juízos e garantir que apenas assentimos a impressões adequadas, para que evitemos as emoções violentas que são o produto de assentimentos falsos. Quanto mais conseguirmos viver de acordo com nossa própria natureza racional, menos perturbações mentais sofreremos e mais independentes, livres e felizes seremos. Por outro lado, viver de acordo com a natureza implica ampliar nosso círculo de preocupações para abranger a natureza como um todo, percebendo que não somos unidades isoladas, mas sim partes de um todo sistematicamente integrado. O primeiro desses aspectos sugere uma perspectiva voltada para dentro; o segundo, uma perspectiva voltada para fora. Isso pode sugerir uma tensão dentro do ideal estoico. Mas não há nenhuma, pois a perspectiva cósmica voltada para fora dependerá de juízos corretos de nosso lugar na natureza, e esses juízos corretos só serão possíveis se primeiro nos atentarmos a nós mesmos por meio da perspectiva voltada para dentro. É o mesmo conjunto de erros em nosso raciocínio que dá origem tanto a emoções internas indesejadas quanto a uma compreensão confusa de nosso lugar na natureza.

Como exemplo, voltemos ao filósofo navegante de Gélio. No meio de uma tempestade, o filósofo pode deparar-se com a representação "há uma onda em cima de minha cabeça e *isso é terrível*". No entanto, ele saberá não assentir a essa representação porque envolve um juízo de valor que não é justificado. Assim, ele a rejeitará e, em vez disso, assentirá à representação "há uma onda em cima de minha cabeça". Ao recusar-se a assentir ao juízo de valor, ele evitará uma emoção indesejada e injustificada. Até aqui, este é um exercício voltado para dentro, preocupado apenas com os próprios juízos do filósofo. No entanto, se o filósofo tivesse assentido à representação de que algo terrível acontecia, ele teria visto a onda como algo externo a ele e, portanto, como algo ameaçador. Em outras palavras, ele teria lançado as bases para uma barreira entre ele e o resto da natureza. Como vimos, até certo ponto isso é inevitável para um ser finito se ele vai se preocupar a própria preservação. No entanto, como também vimos, neste caso, tal barreira seria o produto de um juízo equivocado. Em outras palavras, a perspectiva limitada na qual estamos isolados do resto da natureza é consequência de juízos errôneos que fazemos. Se quisermos cultivar a perspectiva cósmica voltada para fora de Marco Aurélio, então devemos primeiro voltar nossa atenção para dentro.

Esta é apenas uma tentativa possível de concretizar o objetivo estoico de viver de acordo com a natureza. Para complicar ainda mais as coisas, também se afirma que os estoicos definiram o objetivo como selecionar coisas que estão em harmonia com a natureza (cf., p. ex., Cícero, *Fin.*, 3.20, 3.31). Assim, está em harmonia com a natureza (minha própria natureza) escolher aquelas coisas que contribuirão para minha própria autoconservação, coisas como saúde e riqueza que têm valor, mas permanecem meramente indiferentes preferidos. No entanto, apenas *a escolha* dessas coisas pode ser parte do objetivo; a sua efetiva *obtenção* está, é claro, para além de nosso controle e, portanto, não depende de nós de nenhuma forma. Há um sentido em que isso parece um exercício infrutífero – desejar certas coisas ao mesmo tempo em que se faz o melhor para não se decepcionar quando não se consegue obtê-las. Certamente seria mais simples não cobiçar esses externos em primeiro lugar. De fato, esta é a visão da qual Epiteto muitas vezes se aproxima, visto que expressa indiferença até quanto a viver ou a morrer. Esse foco na seleção de coisas foi uma inovação posterior na ética estoica (provavelmente por Antípatro), e a atitude de Epiteto pode muito bem estar mais próxima da posição ortodoxa.

A DIMENSÃO POLÍTICA

Vários temas que encontramos na ética estoica formam o pano de fundo para o pensamento estoico da política. Os mais importantes desses temas são a teoria da *oikeiosis*, a prioridade da virtude interna nas circunstâncias externas e a ideia de que se deve viver em harmonia com a natureza. Essas ideias contribuem para uma teoria política de cosmopolitismo, uma teoria que talvez seja mais claramente expressa nas obras sobreviventes dos estoicos tardios. A ideia de cosmopolitismo não foi original dos estoicos, no entanto. Já havia sido expressa por Diógenes, o cínico, e ele pode muito bem ter cunhado a palavra *cosmopolités*: "cidadão do cosmos" (cf. DL, 6.63).

Foi enquanto estava sob a tutoria de Crates, o cínico (discípulo de Diógenes), que Zenão teria escrito sua infame e agora perdida obra *A república* (para os fragmentos, cf. Baldry, 1959). Esta obra, a mais antiga e famosa na filosofia política estoica, atraiu controvérsias desde a Antiguidade. Alguns estoicos nos séculos depois de Zenão ficaram horrorizados com as doutrinas "cínicas" que continha e dela tentaram se distanciar. Alguns sugeriram que era uma obra precoce e imatura de Zenão, escrita quando ele ainda estava sob a influência de Crates, e, portanto, não fazia parte de seu sistema filosófico maduro. Embora certamente contenha alguns temas cínicos, seria precipitado descartá-la da filosofia de Zenão, independentemente de quando em sua carreira foi escrita. Estudiosos recentes mostraram que esses mesmos temas cínicos podem ser encontrados em todo o antigo Pórtico Pintado e, portanto, não se limitam a essa única "obra precoce" (cf. Goulet-Cazé, 2003). Talvez o mais importante dos fragmentos sobreviventes relacionados ao livro *A república* seja o seguinte de Plutarco:

> A muito admirada República de Zenão, fundador da escola filosófica estoica, visa a este principal ponto: que nossos arranjos domésticos não devem ser baseados em cidades ou paróquias, cada uma delimitada por seu próprio sistema jurídico, mas devemos considerar todos os humanos como nossos concidadãos e residentes locais, e deve haver um modo de vida e ordem, como o de um rebanho que pasta unido e se nutre por um pasto comum. Zenão escreveu isso, imaginando como que um sonho ou imagem de uma sociedade bem regulada de um filósofo (*Mor.*, 329a-b).

Este trecho sugere que Zenão seguiu seus predecessores cínicos ao apresentar uma forma de cosmopolitismo político em sua República. No entanto, outro texto implica que ele pode ter concebido um Estado ideal nos moldes do Estado ideal em *A república* de Platão, mas com apenas os sábios como cidadãos. Esta leitura ganhou força em pesquisas recentes (p. ex., Schofield, 1991), enquanto outros preferiram ver *A república* como se delineasse uma forma de utopismo anarquista que imagina um mundo futuro povoado apenas por sábios nos quais os Estados políticos tradicionais se tornam irrelevantes e desaparecem. Esta última visão certamente faria sentido se *A república* tivesse sido escrita sob a influência de Crates, o cínico. Mas, infelizmente, os relatos fragmentários não nos fornecem informações suficientes para termos absoluta certeza de uma maneira ou de outra.

Embora possamos ter de suspender o juízo acerca do desenho geral do livro *A república*, de Zenão, nosso trecho de Plutarco introduz uma série de temas-chave para o pensamento político estoico posterior. Devemos nos concentrar, diz ele, não em Estados ou cidades individuais, e sim em uma comunidade muito mais ampla, que abranja toda a humanidade. Em vez de haver diferentes grupos de pessoas que segue diferentes conjuntos de leis políticas, todos nós deveríamos seguir um modo de vida compartilhado (e observe que a frase "pasto comum" também pode ser interpretada como "lei comum"). Para desenvolver essas ideias, precisaremos retornar a alguns dos temas éticos com que já nos deparamos.

Abrimos nosso relato da ética estoica com a teoria da *oikeiosis* e a afirmação de que o desejo básico de todos os animais e seres humanos é o desejo de autopreservação. Os estoicos usam essa teoria como a fundação tanto para suas teorias éticas quanto políticas. No contexto político, eles desenvolvem o que podemos chamar de uma teoria de "*oikeiosis* social". Como vimos, nosso desejo fundamental é pela autopreservação, mas à medida que nos desenvolvemos como seres racionais, não associamos de maneira restrita nossa autopreservação à nossa própria sobrevivência física. Um exemplo óbvio é o desejo dos pais de protegerem seus filhos, que os estoicos concebem como um alargamento natural do nosso círculo de preocupação. Um alargamento adicional seria a preocupação com a família extensa e os amigos, e então a preocupação com toda a nossa comunidade ou sociedade. Para os estoicos, o amor natural dos pais pelos filhos forma o ponto de partida a partir do qual podemos traçar o desenvolvimento de toda a sociedade humana (cf. Cícero, *Fin.*, 3.62). Como Aristóteles, os estoicos pensam que os seres humanos são naturalmente sociais e políticos (*Fin.*, 3.63).

Esse processo de alargamento do nosso círculo de preocupação não deve parar uma vez que abranja toda a sociedade humana, no entanto. Mais cedo ou mais tarde, nossa *oikeiosis* deve se estender para incluir todo o cosmos, de modo que gere uma preocupação pela preservação de todos os seres humanos e do mundo natural (embora, por alguma razão, Crisipo tenha negado qualquer preocupação humana em relação aos animais não racionais). Quando alcançarmos esse círculo de preocupação mais amplo possível, nos tornaremos cosmopolitas – cidadãos do cosmos.

Para os estoicos, então, as fronteiras das cidades e Estados tradicionais são lugares arbitrários para se parar de identificar outros seres humanos como concidadãos. Além disso, as constituições e as leis que definem os Estados tradicionais são igualmente arbitrárias se não refletirem os ditames da razão. Em vez de viver de acordo com as leis estabelecidas por legisladores (não sábios), o sábio estoico deveria viver de acordo com a lei natural incorporada em sua virtude. Em uma utopia estoica, na qual todos seriam sábios, todos viveriam de acordo com essa "lei natural" e, assim, viveriam de acordo com um modo de vida compartilhado.

Mas não vivemos em uma utopia estoica; vivemos em uma paisagem política definida à luz de cidades e de Estados tradicionais, e assim também viveram os estoicos antigos. Sêneca estava plenamente ciente disso, pois escreveu em *Ócio*:

> Devemos conceber mentalmente duas repúblicas: uma, vasta e verdadeiramente coletiva, que abarca deuses e seres humanos, onde não reparamos numa ou noutra esquina, mas medimos pela inclinação do sol os limites da nossa cidade; outra, que nos atribui por nascimento (*Ot.*, 4.1).

Como estoico, Sêneca acredita que nossa principal afiliação política deve ser ao cosmos como um todo, em vez do país em que por acaso nascemos. Ele não pode negar, todavia, que também somos cidadãos de Estados tradicionais, com as obrigações e deveres que tal filiação acarreta. Um sábio estoico que viva aqui e agora teria, portanto, dupla cidadania, seria membro tanto de uma comunidade política tradicional quanto de uma cidade cósmica de "deuses e de humanos" (não devemos dar muita ênfase ao termo "deuses" aqui, dada a teologia monoteísta estoica). Somente a cidade cósmica, entretanto, será uma verdadeira cidade: os estoicos definem uma "cidade" (*pólis*) como uma comunidade de pessoas virtuosas unidas por uma lei comum; por conseguinte, eles negam a existência de quaisquer cidades reais, pois tal comunidade não existe em lugar algum na terra (cf. Clemente de Alexandria, *Miscelânea*, 4.26). Assim, relata-se que Diógenes da Babilônia negou que Roma fosse uma cidade real (cf. Cícero, *Acad.*, 2.137), ao dizer que "entre os tolos não existe cidade nem lei" (Obbink; Vander Waerdt, 1991, p. 368).

Para se tornar membro da cidade cósmica, é preciso ter virtude, que por si só constitui a lei comum compartilhada por seus membros. Embora o termo "lei" tenha conotações de obrigação, os membros viverão de acordo com a virtude de bom grado, pois sabem que esse é o caminho para o próprio bem-estar e felicidade. Como vimos, essa cidade cósmica pode existir ao lado de cidades tradicionais; pode-se ser cidadão de um Estado convencional e da cidade cósmica ao mesmo tempo. Sábios estoicos espalhados pelo globo serão concidadãos da cidade cósmica, unidos por seu modo de vida compartilhado e lei comum, mesmo que nunca se encontrem (embora igualmente possam escolher se reunir em um lugar específico).

À luz desse foco na cidade cósmica, não é surpreendente que tenha surgido a questão de se o sábio estoico teria muito interesse na política convencional. O estoico deveria se engajar na política (como Platão tentou) ou deveria evitar a vida pública (como Epicuro recomendou)? Essa questão era importante sobretudo para os aristocratas romanos que admiravam o estoicismo, dos quais se esperava que cumprissem função na política. A resposta estoica padrão era dizer que o sábio deveria se envolver na política, desde que esse envolvimento não comprometa sua virtude, mas é tentador dizer que os estoicos só precisavam declarar isso explicitamente justamente porque muitas de suas outras doutrinas éticas e políticas implicitamente sugerem o contrário. A perspectiva estoica é amplamente apolítica no que diz respeito à política convencional. O sábio pode muito bem se engajar na política, mas, ao contrário de Aristóteles, por exemplo, os estoicos não acham que os Estados tradicionais são vitais para o bem-estar humano. Apesar disso, os estoicos sustentam que os seres humanos são naturalmente sociais, todos com o potencial de serem membros de uma comunidade cosmopolita compartilhada.

Resumo

O ideal ético estoico, construído com base na física e na epistemologia estoicas, é impressionante. A única coisa que tem bondade inerente, e, portanto, a única coisa com a qual deveríamos nos preocupar, é a virtude, concebida como uma disposição interna excelente da alma; uma mente saudável, digamos. Todos os objetos externos e estados de coisas não são, em rigor, nem bons nem maus e, portanto, deveriam ser uma questão de indiferença para nós. Muitas das emoções que sentimos são baseadas em juízos equivocados de nossa parte, juízos que atribuem valor espúrio a externos indiferentes. Essas emoções são doenças da alma e reduzem nosso bem-estar ou felicidade. Mas, se aprendermos a raciocinar corretamente e a evitar juízos equivocados, então não sentiremos essas emoções. Nossa felicidade dependerá então, não da presença ou ausência de coisas externas, nenhuma das quais está sob nosso controle, mas sim de nosso próprio raciocínio correto. Assim, nós nos tornaremos impermeáveis aos caprichos do destino e da fortuna. A mensagem final da ética estoica é que nossa própria felicidade está totalmente ao nosso alcance aqui e agora, se estivermos preparados para ver o mundo de maneira correta, e que, uma vez alcançada, essa felicidade nunca poderá ser tirada de nós.

Essa é uma mensagem poderosa, mas baseada em algumas propostas assombrosas. Não é surpresa que o estoicismo continuasse tanto a fascinar quanto a perturbar filósofos desde então. É para o legado subsequente do estoicismo que nos voltaremos agora.

6
O LEGADO ESTOICO

O estoicismo persistiu como um movimento filosófico vivo na Antiguidade por cerca de 500 anos. Seu impacto não terminou aí, no entanto. Desde o declínio do estoicismo em algum momento durante o terceiro século e.c., as ideias e os textos estoicos continuaram a exercer sua influência. A seguir, oferecerei um breve esboço do impacto posterior do estoicismo, focando na transmissão e na influência dos textos estoicos, juntamente com seu impacto em filósofos posteriores. Não tentarei considerar todas as maneiras pelas quais as ideias estoicas contribuíram implicitamente para desenvolvimentos filosóficos posteriores. Em vez disso, focarei em engajamentos explícitos com o estoicismo ou autores estoicos. Não comentarei o impacto do estoicismo na literatura e na cultura europeias posteriores de forma mais geral, embora este seja um tópico interessante por si só e muito tenha sido escrito o assunto.

ANTIGUIDADE TARDIA E IDADE MÉDIA

O último estoico notável, Marco Aurélio, morreu em 180 e.c. Embora haja alguns relatos de estoicos depois dessa data – o neoplatônico do século III, Porfírio, menciona um estoico em sua *Vida de Plotino* (§17) e o neoplatônico do século VI, Damáscio, mencoina alguém da "escola de Epiteto" em sua *História filosófica* (46d) –, parece que o estoicismo não era mais uma força vital. As polêmicas de Alexandre de Afrodísias contra o estoicismo, escritas em Atenas por volta de 200 e.c., sugerem que o estoicismo permaneceu parte do cenário intelectual naquela época (Marco Aurélio havia criado uma cátedra em estoicismo não muito antes, ao lado da cátedra em filosofia peripatética ocupada por Alexandre), mas provavelmente não muito depois.

O próximo movimento filosófico a ganhar destaque foi o neoplatonismo, efetivamente fundado por Plotino (205-270) e desenvolvido por seu discípulo Porfírio (232-305). O estoicismo claramente influenciou Plotino no desenvolvimento de sua própria filosofia, tanto de maneira positiva quanto negativa (cf. Graeser, 1972). Porfírio escreve que as *Enéadas* de Plotino estão repletas de doutrinas estoicas ocultas (*Vida de Plotino*, §14) e, pelo que sabemos das obras perdidas de Porfírio, parece que ele também se ocupou consideravelmente dos estoicos (cf. Simplício, *in Cat.*, 2,5-9).

Os neoplatônicos posteriores que seguiram Plotino e Porfírio continuaram a discutir ideias estoicas, frequentemente para argumentar contra elas. Isso pode ser visto, por exemplo, no comentário do neoplatônico do século VI, Simplício, às *Categorias* de Aristóteles. Mais importante, e de muitas maneiras mais surpreendente, é a atenção crescente recebida por Epiteto. O neoplatônico Olimpiodoro faz várias referências a Epiteto em seu comentário ao *Górgias* de Platão, e Simplício dedicou um comentário inteiro ao *Encheirídion* de Epiteto, o único comentário a um texto estoico que sobreviveu da Antiguidade. Como já notei, Damáscio, que escreve no século VI, faz referência a alguém da "escola de Epiteto" em sua *História filosófica*, e assim esses interesses neoplatônicos tardios em Epiteto podem ter refletido um interesse renovado mais amplo em suas obras.

Segundo a tradição, em 529 e.c., o Imperador Justiniano fechou as últimas escolas filosóficas pagãs em Atenas, provavelmente por volta do mesmo tempo em que Simplício comentou acerca de Epiteto. Essa data passou a marcar o fim da história da filosofia antiga. Por volta do mesmo ano, São Bento fundou o famoso mosteiro em Monte Cassino e estabeleceu as bases para o monasticismo ocidental medieval. Por conseguinte, essa data também foi tomada para marcar o início da Idade Média. Até essa data, todos os textos estoicos antigos que agora estão perdidos provavelmente já não estavam mais disponíveis. Simplício certamente tinha acesso a uma gama muito mais ampla de textos filosóficos antigos do que nós temos hoje, mas muito de seu conhecimento do antigo Pórtico Pintado provavelmente era de segunda mão, derivado de obras agora perdidas de Porfírio e Alexandre, por exemplo. Até o século VI, havia muito poucos textos estoicos no mundo de fala grega.

Um leitor notável de textos estoicos no início do mundo bizantino foi Aretas (c. 850-935), Arcebispo de Cesareia. Aretas foi um importante colecionador de manuscritos em um momento que se mostrou importante para a sobrevivência e transmissão de textos antigos. Aretas é importante para a história do estoicismo porque se sugeriu que ele tinha cópias tanto das *Diatribes* de Epiteto quanto das *Meditações* de Marco Aurélio. Todos os manuscritos sobreviventes das *Diatribes* de Epiteto derivam de apenas um manuscrito agora na Biblioteca Bodleiana em Oxford. As margens desse manuscrito comprovadamente contêm notas de Aretas. Embora seja improvável que a cópia da Bodleiana seja a cópia que Aretas teve, é bem possível que seja uma cópia direta do texto que ele teve e em que anotou. Se

Aretas não tivesse encontrado e preservado sua cópia das *Diatribes* de Epiteto, então o manuscrito da Bodleiana não teria sido feito e nós poderíamos ter perdido esse texto estoico central para sempre. Aretas nos conta ele mesmo em uma de suas cartas que também tinha uma cópia antiga e desgastada das *Meditações* de Marco Aurélio e que planejava mandar fazer uma nova cópia do texto. Ele é também o primeiro autor registrado a se referir às *Meditações* pelo seu título grego padrão atual – *ta eis heauton*, "para si mesmo" – em um comentário marginal adicionado a um manuscrito das obras de Luciano. Mas em sua carta ele não usa esse título, e isso levou alguns a especular que Aretas pode ter cunhado o título ele mesmo. De fato, só podemos especular, mas é claro que Aretas foi indispensável na transmissão desses dois textos estoicos centrais durante um período crucial na transmissão da literatura clássica. Sem a intervenção de Aretas, é possível que ambos esses textos tivessem se perdido.

Os séculos seguintes viram a tradução de vários textos filosóficos gregos para o árabe, notavelmente as obras de Aristóteles. Tem havido algum debate quanto à extensão em que as ideias estoicas também podem ter sido transmitidas ao mundo islâmico (cf. Jadaane, 1968; Gutas, 1993). Infelizmente, há pouca evidência de que os textos terem sido traduzidos para o árabe teriam dado a seus leitores um conhecimento extenso das doutrinas estoicas. Uma fonte poderia ter sido Galeno, especialmente seu *Doutrinas de Hipócrates e de Platão*. Outra poderia ter sido a agora perdida *História da filosofia* de Porfírio. Uma influência mais concreta pode ser encontrada em uma obra curta de Alquíndi, o primeiro filósofo árabe de grande importância, intitulada *Arte de dissipar tristezas*. Neste texto, Alquíndi cita o *Encheirídion* de Epiteto (cf. Boter, 1999, p. 117). Se, como geralmente se supõe, Alquíndi não conhecia o grego ele mesmo, então isso poderia ser tomado como evidência de que o *Encheirídion* foi traduzido para o árabe. A popularidade do texto de Alquíndi levou muitos filósofos árabes posteriores também a citar Epiteto, e isso formou um dos aspectos do que veio a ser conhecido como a tradição da "medicina espiritual" na ética filosófica árabe (Fakhry, 1994, p. 68).

Portanto, é possível esboçar uma tradição de leitura de Epiteto no Mediterrâneo Oriental e no Oriente Médio, que passa por Simplício, Olimpiodoro, Aretas e Alquíndi. Ao mesmo tempo, Epiteto também era usado nos mosteiros (cf. Boter, p. 1999), seu *Encheirídion* adaptado para uso como um manual de treinamento para monges, com a substituição de referências pagãs (por exemplo, Sócrates) por cristãs (por exemplo, São Paulo).

No Ocidente de fala latina, o legado do estoicismo foi moldado principalmente pelas obras de Sêneca e Cícero. Os Padres da Igreja Latina – como Tertuliano (c. 160-240), Lactâncio (c. 250-325) e Agostinho (354-430) – todos se envolveram com o estoicismo. Tertuliano famosamente chamou Sêneca de "nosso Sêneca" (*De Anima*, §20), e isso foi frequentemente citado por admiradores cristãos posteriores de Sêneca para justificar seu interesse no moralista pagão. Lactâncio também admirava Sêneca até certo ponto (*Div. Inst.*, 1.5.26 *apud* Ross, 1974, p. 127), embora em geral ele fosse hostil às doutrinas estoicas, especialmente ao panteísmo estoico (p. ex., *Div. Inst.*, 7.3.1), sem mencionar a filosofia pagã em geral. A popularidade de Sêneca foi impulsionada pela existência de uma série de cartas entre ele e São Paulo. Essa correspondência foi mencionada por Jerônimo (c. 348-420) e Agostinho, e ainda sobrevive hoje, embora sua autenticidade tenha sido rejeitada há muito tempo.

O impacto do estoicismo no Ocidente à medida que a Idade Média progredia é muito mais difícil de rastrear. Alguns estudiosos sugeriram uma difusão bastante ampla das ideias estoicas durante esse período, muitas vezes não reconhecida como especificamente estoica (cf. Ebbesen, 2004). Talvez seja mais frutífero, no entanto, focar nos casos em que o estoicismo foi explicitamente adotado em discussões filosóficas.

O envolvimento medieval mais marcante com o estoicismo pode ser encontrado nas obras éticas de Pedro Abelardo (1079-1142). Em seu *Diálogo entre um filósofo, um judeu e um cristão* (também conhecido pelo título *Collationes*), Abelardo, da personagem "Filósofo", uma série de ideias estoicas, baseando-se em material estoico em Cícero. Em particular, o Filósofo prefere a lei da natureza à autoridade das escrituras e adota a unidade da virtude, a afirmação de que a virtude é o bem supremo e de que não há graus de virtude (cf. Marenbon; Orlandi, 2001, p. iii). Ele também cita o herói estoico Catão, o jovem, como um exemplo de modelo ético a ser seguido (*Diálogo*, §131). O Filósofo também descreve Sêneca como o maior professor de moral (*Diálogo*, §81), ecoando comentários nas cartas de Abelardo a Heloísa e em *A história das minhas calamidades*.

Depois de Abelardo, o cenário intelectual medieval foi dramaticamente transformado pela introdução de traduções de obras científicas e filosóficas árabes, notavelmente traduções de Aristóteles e de seu novo comentarista árabe Averróis. A partir de então, o aristotelismo dominou a filosofia no Ocidente. Essa nova tradição moldou o trabalho de Tomás de Aquino, que por sua vez definiu a agenda filosófica para a Idade Média posterior.

O Renascimento e a filosofia moderna inicial

Em certo momento, que hoje seria descrito como o início do Renascimento, desenvolveu-se um novo interesse pelos clássicos pagãos, juntamente ao desejo de redescobrir a cultura da Roma antiga. Logo, as obras de Aristóteles e seus intérpretes não eram mais os únicos textos filosóficos antigos disponíveis para os leitores. Daquele momento em diante, os textos filosóficos do mundo latino ganharam uma importância renovada, sobretudo as obras de Cícero. Uma figura-chave nesse processo que levou ao surgimento do Humanismo Renascentista foi Francesco Petrarca (1304-74), comumente conhecido como Petrarca. Como vimos, Cícero é uma fonte importante para o estoicismo, e a fascinação de Petrarca por Cícero naturalmente levou a uma familiaridade estreita com suas descrições da filosofia estoica. Não apenas isso, Petrarca também encontrou muito valor no estoicismo, e o impacto das ideias estoicas pode ser visto em várias de suas obras. Duas, em particular, merecem destaque. A primeira, *Meu livro secreto* (*Secretum*, escrito c. 1347-53), assume a forma de um diálogo imaginário entre Petrarca, o pupilo e Agostinho, o mestre, no qual Agostinho recomenda a Petrarca ideias estoicas tiradas de Cícero e de Sêneca. A segunda, *Remédios de cada fortuna* (*De Remediis Utriusque Fortunae*, escrito c. 1354-1366), foi inspirada por uma obra atribuída a Sêneca (o *De Remediis Fortuitorum*) e baseia-se fortemente na descrição da teoria estoica das emoções nos *Diálogos em Túsculo* de Cícero. Ela oferece uma terapia inspirada no estoicismo para as emoções concebida como uma medicina para a alma (cf. Panizza, 1991).

Por volta dessa época, o professor grego de Petrarca, o monge Barlaão de Seminara (c. 1290-1348), escreveu um breve compêndio de ética estoica, a *Ethica Secundum Stoicos*, que se concentrava nas concepções estoicas de felicidade e das emoções.

Por volta de 1450, Nicolau Perotti traduziu o *Encheirídion* de Epiteto para o latim, juntamente ao prefácio ao comentário de Simplício (cf. Oliver 1954). Um pouco mais tarde, em 1479, Angelo Policiano também traduziu o *Encheirídion*, e isso foi publicado em 1497. A tradução de Policiano logo se tornou um clássico e foi incluída em numerosas edições impressas posteriores de Epiteto. Sua tradução foi acompanhada por uma carta prefacial a Lourenço II de Médici e uma carta a Bartolomeu Scala em defesa de Epiteto, e em ambas ele deixa claro que leu Epiteto com a ajuda de Simplício. De fato, na última, Policiano tentou tornar Epiteto mais palatável para Scala e sugeriu que Epiteto devia muito a Platão, afirmando que "nosso estoico luta corajosamente e o seu escudo são os argumentos platônicos" (Kraye, 1997, p. 198).

Um estudo mais substancial do estoicismo foi realizado por Pietro Pomponazzi (1462-1525), talvez mais conhecido como aristotélico. Seu desgosto pela então dominante interpretação averroísta de Aristóteles levou Pomponazzi ao antigo comentarista de Aristóteles, Alexandre de Afrodísias, em busca de uma leitura mais pura dos textos de Aristóteles. Embora Pomponazzi não tenha seguido Alexandre em detalhes, ele compartilhou com ele uma abordagem mais naturalista de Aristóteles. Mais importante, porém, é que Pomponazzi teria se informado muito com Alexandre acerca do estoicismo, e tem sido sugerido que Pomponazzi adotou várias ideias estoicas. A primeira delas é a afirmação de que a virtude é sua própria recompensa (e não a base para alguma outra recompensa em uma vida depois da morte, que Pomponazzi rejeitou). A segunda é a tentativa estoica de reconciliar a liberdade com o determinismo, que Pomponazzi achou ser a mais plausível das muitas respostas a esse problema clássico. Ele expõe as razões para isso em seu tratado *Des-*

tino (*De Fato*), escrito em 1520 e inspirado pela leitura do tratado de mesmo nome de Alexandre. No entanto, Pomponazzi rejeitou a posição de Alexandre (e suas críticas aos estoicos), afirmando, em vez disso, as afirmações estoicas de que a contingência e o acaso são ilusões, e que o que aparece aos seres humanos como liberdade está, de fato, subsumido dentro de uma natureza totalmente determinada. Consequentemente, a filosofia de Pomponazzi foi caracterizada como "um aristotelismo bastante estoico" (Randall, 1948, p. 279).

A difusão mais ampla de textos e ideias estoicas durante o século XVI estava intimamente ligada ao contínuo desenvolvimento da impressão (inventada no meio do século anterior). Alguns dos envolvimentos mais importantes com o estoicismo durante esse período estavam conectados à edição e à impressão das obras de Sêneca. Nesse contexto, destacam-se Erasmo de Roterdã e Calvino.

Desidério Erasmo de Roterdã (1466-1536) produziu duas edições das obras de Sêneca. A primeira, publicada em 1515, foi o trabalho de muitas mãos, com um prefácio de Erasmo. Quando viu o trabalho finalizado publicado, Erasmo não ficou feliz com a edição e considerou uma fonte de constrangimento que seu nome estivesse na capa do título. Para se redimir dessa edição ruim, ele produziu outra, publicada em 1529. Seu prefácio à primeira edição sugere alguma admiração por seu assunto, mas elogios semelhantes não são encontrados no prefácio da segunda edição. Isso sugere que o interesse de Erasmo por Sêneca não durou ao longo de sua carreira; ele voltou a Sêneca não por um interesse contínuo em seu assunto, mas simplesmente para corrigir as deficiências acadêmicas da primeira edição. Além disso, apesar de seu trabalho editorial em Sêneca, Erasmo era cético em relação a algumas das reivindicações centrais do estoicismo em suas outras obras. Em seu *Elogio da loucura* (*Moriae Encomium*, 1511), por exemplo, Erasmo critica a rejeição estoica das emoções (a doutrina da *apatheia*) e questiona a viabilidade do ideal do sábio. Embora ele com certeza admirasse Sêneca como um moralista pagão, a sincera devoção de Erasmo ao cristianismo significava que qualquer admiração sempre estaria dentro de limites estritamente definidos.

No início de sua carreira intelectual, Calvino (1509-64) escreveu um comentário ao tratado *Clemência* de Sêneca (1532), que se baseou no trabalho acadêmico de Erasmo. No prefácio de sua edição de 1529 das obras de Sêneca, Erasmo incentivou outros a expandir suas notas ao texto e a produzir comentários a Sêneca; Calvino evidentemente aceitou o convite. Em seu próprio prefácio, Calvino defende Sêneca contra críticos antigos e modernos, proclamando que "nosso Sêneca foi apenas superado por Cícero, um verdadeiro pilar da filosofia romana" (Battles; Hugo, 1969, p. 11). Depois de trabalhar tão de perto no texto, Calvino foi inevitavelmente influenciado por Sêneca, seja positiva, seja negativamente, mas a extensão em que o estoicismo de Sêneca contribuiu para o pensamento religioso posterior de Calvino é muito mais difícil de determinar. Alguns sugeriram que as noções estoicas de determinismo e uma lei moral interna ajudaram a moldar sua visão religiosa (Beck, 1969, p. 110), e outros foram tão longe a ponto de sugerir que "o calvinismo é o estoicismo batizado no cristianismo" (cf. Battles; Hugo, 1969, p. 46*), mas sem dúvida a verdade do assunto é um pouco mais complexa do que essa afirmação enfática reivindica.

A publicação dessas e de outras edições das obras de Sêneca, junto da crescente disponibilidade de outros autores antigos relevantes para o estudo do estoicismo, levou a um interesse considerável no estoicismo na última parte do século XVI. Duas figuras, em particular, se destacam: Montaigne e Lípsio.

Michel de Montaigne (1533-92) é mais conhecido como o autor dos *Ensaios*, publicados pela primeira vez em 1580 e posteriormente expandidos em 1588 e (postumamente) em 1595. Os *Ensaios* são permeados de estoicismo, embora seria um erro caracterizar o próprio Montaigne como um estoico. Sua admiração geral por Sêneca pode ser vista no Ensaio 2.10, "Livros", e é repetida no Ensaio 2.32, "Defesa de Sêneca e de Plutarco". No Ensaio 1.33, ele chama a atenção para um paralelo entre Sêneca e os primeiros cristãos com relação às suas atitudes em relação à morte, enquanto o Ensaio 1.14 é dedicado à explicação de um ditado de Epiteto – o que inquieta os homens é a opinião destes acerca das coisas, e não as próprias coisas (*Ench.*, 5) – que ele havia inscrito em sua biblioteca. No entanto, a visão madura de Montaigne duvidava das capacidades racionais da humanidade e certamente não teria endossado o ambicioso ideal estoico do sábio. No entanto, ele permaneceu atraído por ele, escrevendo que, "Quem não pode alçar-se à nobre impassibilidade dos estoicos deve apelar para a estupidez vulgar, essa que me induz a fazer por temperamento o que faziam eles por virtude." (*Ensaios*, 3.10). Foi sugerido que, dentro das três versões cronológicas dos *Ensaios*, é possível discernir um desenvolvimento de um interesse juvenil no estoicismo, seguido por um período de ceticismo e, finalmente, uma virada para o epicurismo (Demonet, 1985, p. 10). No entanto, também é possível encontrar material epicurista na versão mais antiga e temas estoicos nas adições mais recentes. Assim, o estoicismo forma um ingrediente-chave de todos os *Ensaios*.

Uma das figuras mais importantes na recepção do estoicismo é Justo Lípsio (1547-1606), descrito por Montaigne como um dos homens mais eruditos vivos naquela época (*Ensaios*, 2.12). Lípsio era um exímio erudito clássico, que produziu edições das obras de Tácito e Sêneca. Uma de suas obras mais populares e influentes foi um diálogo intitulado *Constância* (*De Constantia*, 1584), que se baseia em fontes estoicas para oferecer consolo diante dos males públicos (na forma de guerra civil alimentada por controvérsias religiosas). Lípsio oferece quatro argumentos que tratam de tais males públicos: eles são impostos por deus; eles são produto da necessidade; eles são, de fato, proveitosos para nós; eles não são nem graves nem particularmente incomuns. Três desses ecoam pontos semelhantes feitos por Sêneca em uma de suas cartas (*Ep.*, 107). Dos quatro argumentos de Lípsio, o mais significativo é o segundo, que trata do destino ou da necessidade. Lípsio distingue quatro concepções diferentes de destino, isola a concepção estoica da sua própria e delineia quatro pontos nos quais a explanação estoica do destino deve ser modificada. Suas preocupações são com a rejeição estoica do livre-arbítrio, contingência, milagres e a implicação de que deus pode ele mesmo ser submetido ao destino. Tendo negociado esses obstáculos potencialmente perigosos, Lípsio apresenta a seus leitores uma versão da ética estoica palatável para um público cristão.

Com o seu livro *Constância*, Lípsio lançou as bases para o que veio a ser conhecido como neoestoicismo, um movimento filosófico que floresceu nas últimas décadas do século XVI e na primeira metade do século XVII. Em resumo, um neoestoico é um cristão que recorre à ética estoica, mas rejeita aqueles aspectos do materialismo e determinismo estoicos que contradizem o ensinamento cristão. Depois de Lípsio, o neoestoico mais importante foi Guilherme Du Vair (1556-1621), que traduziu Epiteto para o francês e produziu várias obras, incluindo seu próprio *Tratado da constância e Filosofia moral dos estoicos*. Outros neoestoicos incluíram Pedro Charron (1541-1603), que foi seguidor de Montaigne, e Francisco de Quevedo (1580-1645). Quevedo chamou a atenção para a ascendência semita de Zenão de Cítio e tentou discernir a inspiração do

Antigo Testamento, em particular a resistência heroica de Jó diante da adversidade, nas doutrinas do Pórtico Pintado. Também digno de nota é Tomás Gataker (1574-1654), eclesiástico inglês e editor de uma importante e impressionante edição das *Meditações* de Marco Aurélio, publicada em 1652, na qual são apresentados paralelos detalhados entre as *Meditações* e a Bíblia. Segundo esses neoestoicos, os autores estoicos tardios Sêneca, Epiteto e Marco Aurélio podiam ser lidos com proveito por um cristão.

Um outro aspecto dos estudos que Lípsio fez do estoicismo envolveu a compilação de material estoico de autores antigos, e ele publicou duas coleções desses fragmentos: a *Manuductio ad Philosophicam Stoicam* e a *Physiologia Stoicorum* (ambas em 1604). Essas coleções inauguraram o estudo doxográfico do estoicismo (cf. Saunders, 1955, capítulos 3-4) e foram logo seguidas pelos *Elementa Philosophiae Stoicae Moralis* de Ciópio (1606). Outro célebre erudito clássico desse período que admirava grandemente o estoicismo foi Daniel Heinsius (1580-1655), que escreveu uma oração intitulada *De Stoica Philosophia* na qual elogiava a sabedoria do Pórtico Pintado (cf. Bottin *et al.*, 1993, p. 131).

Juntamente com os neoestoicos que já mencionamos, uma ampla gama de filósofos do século XVII recorreu a ideias estoicas. Hugo Grócio (1583-1645) recorreu à teoria estoica da apropriação (*oikeiosis*) em sua teoria política. René Descartes (1596-1650), embora tenha feito poucos engajamentos explícitos com as filosofias da Antiguidade em suas obras publicadas, envolveu-se em correspondência com a Princesa Isabel em agosto de 1645, na qual discutiram o texto de Sêneca *Vida feliz*.

À medida que o século XVII progrediu, no entanto, o estoicismo passou a ser cada vez mais atacado por uma série de críticos hostis (cf. Brooke, 2004). Esses críticos podem ser divididos em dois grupos. Por um lado, havia católicos como Pascal e Malebranche, que atacavam as pretensões arrogantes do estoicismo em relação à felicidade do sábio, produzida unicamente pela razão e sem referência à graça de deus. Por outro lado, havia protestantes como Bramhall, Cudworth e Bayle, que atacavam o estoicismo por seu determinismo e sua consequente negação do livre-arbítrio e dos milagres.

Blaise Pascal (1623-62) criticou o estoicismo em sua obra *Pensamentos* e também no livro *Conversa de Pascal com o Sr. de Sacy* (1655), que discute Epiteto e Montaigne. A principal objeção de Pascal ao estoicismo de Epiteto é que ele pressupõe um poder excessivo para o indivíduo. Para Epiteto, se nos concentrarmos no que "são encargos nossos", então podemos ter controle completo de nossa felicidade. Pascal denuncia que essa afirmação é "de uma soberba diabólica" (Pascal, 2014, p. 60). Para ele, a felicidade humana depende da graça de deus. Pascal sugere que, embora Epiteto faça muito para atacar o vício da preguiça, ele não oferece um caminho genuíno para a virtude.

De maneira semelhante, Nicolas Malebranche (1638-1715) atacou o estoicismo em seu livro *A busca da verdade* (1674-75). Enquanto Pascal concentrou sua polêmica contra Epiteto, o alvo de Malebranche foi Sêneca (cf. *Busca*, 2.3.4). O que Malebranche achou mais reprovável no estoicismo de Sêneca foi a arrogância da afirmação de que é possível ser feliz nesta vida. Para Malebranche, o cristão, a vida humana aqui na Terra é inerentemente miserável, pois todos somos pecadores, e assim devemos esperar pela próxima vida antes de podermos ser verdadeiramente felizes. A afirmação do estoicismo de que se pode, de fato, ser feliz aqui e agora é, segundo ele, simplesmente o produto do orgulho e da arrogância humanos.

Entre os críticos protestantes do estoicismo, Ralph Cudworth (1617-88) incluiu o estoicismo como um dos quatro tipos de ateísmo que devem ser refutados em seu *Sistema intelectual verdadeiro do universo* (1678). Contudo, Cudworth qualificou isso ao atribuir o ateísmo estoico apenas a certos estoicos posteriores, em particular Boécio de Sídon e Sêneca, e ao reconhecer que os estoicos anteriores, como Zenão e Cleantes, eram de fato teístas, ainda que teístas imperfeitos. Em seu *Tratado do livre-arbítrio* (publicado postumamente em 1838), Cudworth argumentou contra a necessidade estoica e sua doutrina de recorrência cíclica.

O teólogo protestante John Bramhall (1594-1663) também considerou o estoicismo uma filosofia perturbadora. Ele estava especialmente preocupado com sua doutrina do destino. Em seu famoso debate com Thomas Hobbes (1588-1679) acerca da liberdade e da necessidade, Bramhall rotulou Hobbes de estoico por seu determinismo, e Hobbes não rejeitou o rótulo, embora tenha alegado que não copiou os estoicos, mas simplesmente havia chegado à mesma conclusão independentemente. Assim, o estoicismo ficou associado a um dos filósofos mais controversos do século XVII. Também estava prestes a ser conectado ao nome do filósofo mais controverso da época: Espinosa.

Por volta dessa época, a filosofia de Bento de Espinosa (1632-77) chamou a atenção do público. Seu *Tratado teológico-político* foi publicado anonimamente em 1670, e sua *Ética* e outras obras foram publicadas postumamente em 1677. A filosofia de Espinosa identificava deus com a natureza, apoiava um determinismo estrito, negava o livre-arbítrio e os milagres, e sugeria que pelo poder da razão sozinha os seres humanos podem superar suas emoções e tornarem-se felizes. As ressonâncias com o estoicismo antigo são claras, e de todos os filósofos subsequentes, Espinosa é o que mais se aproxima do estoicismo, não obstante sua crítica explícita ao Pórtico Pintado por afirmar que é possível superar todas as emoções (na *Ética*) e sua aparente admiração pelo atomismo antigo (em sua correspondência com Hugo Boxel). De fato, G. W. Leibniz (1646-1716) descreveu Espinosa como um membro da "seita dos novos estoicos", junto com Descartes, criticando o estoicismo como uma filosofia de paciência em vez de esperança (cf. Leibniz, 1989, p. 282). No entanto, o que é especialmente interessante aqui é a maneira como a chegada do "espinosismo" afetou a recepção do estoicismo. Vários contemporâneos, como Giambattista Vico (1668-1744), logo notaram as afinidades entre o espinosismo e o estoicismo. Os estoicos eram vistos como os espinosistas de seu tempo, e Espinosa era visto como um estoico dos tempos modernos. Mas, talvez mais importante, o espinosismo foi rapidamente denunciado como uma forma de ateísmo. Não demorou muito para que o estoicismo também fosse denunciado como uma forma de ateísmo proto-espinosista.

Uma das primeiras pessoas a se preocupar com as implicações ateístas do estoicismo foi Jakob Thomasius (1622-84), em sua obra *Exercício acerca da consumação do mundo estoico* (1676). Neste trabalho, Thomasius, um dos professores de Leibniz, atacou Lípsio e a tentativa neoestoica de conciliar o estoicismo com o cristianismo (cf. Bottin *et al.*, 1993, p. 416-17). Ele foi seguido por Johann Franz Buddeus (1667-1729), autor de *Erros dos estoicos* (1695) e *Espinosismo antes de Espinosa* (1701). Enquanto Lípsio e Du Vair não viam problema em um cristão ler e admirar a ética pagã de Sêneca ou Epiteto, estudiosos como Thomasius e Buddeus tentaram descobrir os princípios fundamentais do estoicismo como um sistema filosófico, baseando-se em relatos doxográficos dos primeiros estoicos em vez dos textos sobreviventes dos últimos estoicos. E o que eles encontraram foi uma filosofia de materialismo e determinismo que compartilhava muito em comum com o espinosismo e que, de uma perspectiva cristã ortodoxa, era claramente ateia. Fosse o que fosse o deus estoico, certamente não era o deus das Sagradas Escrituras. Apesar das "emendas" de Lípsio, o estoicismo antigo permaneceu uma filosofia determinista, que nega tanto os milagres quanto o livre-arbítrio, características que tornavam os antigos estoicos os espinosistas da Antiguidade.

Buddeus influenciou seu aluno, o famoso historiador alemão da filosofia Johann Jakob Brucker (1696-1770), autor da *História crítica da filosofia* (1742-44). Brucker apresenta uma descrição clara dessa nova abordagem metodológica para o estudo do estoicismo e de como ela difere do neoestoicismo:

> Antes de tudo, deve-se enfatizar aquilo que, por observação geral em toda a história da filosofia, consideramos essencial ao início desta discussão e que, por ter sido negligenciado na consideração da filosofia estoica, gerou grandes erros: é preciso examinar as palavras e sentenças dos estoicos não fora do contexto do sistema, mas sim como parte integrante da estrutura de consequências, pela qual as conclusões são derivadas de princípios uma vez admitidos. Ocorre que grandes homens foram seduzidos por declarações atrativas dos estoicos acerca de Deus, da alma e dos deveres, pois pensaram ter encontrado tesouros, que, considerados dentro do contexto do sistema e segundo seu verdadeiro significado, mostraram-se meros carvões (Brucker, 1744, p. 909).

A descrição do estoicismo de Brucker, baseada nessa abordagem metodológica, formou a principal fonte para o artigo de Denis Diderot que tratou do estoicismo na Enciclopédia (publicado em 1765). Em contraste acentuado com os neoestoicos que escreveram cerca de um século e meio antes, Diderot apresentou os estoicos em seu artigo na *Enciclopédia* como materialistas, deterministas e ateus. Para Diderot, é claro, isso não era algo ruim.

Na época em que essas controvérsias ocorriam, outros continuavam fascinados pelas obras dos estoicos posteriores. Anthony Ashley Cooper, Terceiro Conde de Shaftesbury (1671-1713), concebeu uma série de notas inspiradas por Epiteto e Marco Aurélio, publicadas postumamente sob o título *O regime filosófico*, e suas anotações acadêmicas ao texto de Epiteto foram incluídas por John Upton em sua edição de 1739 das obras de Epiteto. Tem sido sugerido que a própria filosofia de Shaftesbury, apresentada nas *Características dos homens, maneiras, opiniões, tempos* (1711), é fundamentada em seu interesse pelo estoicismo e que ele é "o maior estoico dos tempos modernos" (Rand, 1900, p. xii). Como os estoicos, Shaftesbury apresentou a filosofia como uma tarefa primariamente preocupada com a transformação do próprio ser, em se tornar um virtuoso da virtude em vez de um pedante do aprendizado.

Sugeriu-se que Sêneca foi uma influência importante em Jean-Jacques Rousseau (1712-78), e um comentarista contemporâneo chegou a sugerir que Rousseau não passava de um plagiador de Sêneca (Roche, 1974, p. ix). Rousseau compartilhava com os estoicos o pensamento de que a virtude se desenvolveria naturalmente em pessoas que fossem deixadas por conta própria; é a influência indesejada de uma sociedade corrupta que interrompe essa progressão natural. Diderot, com quem já nos encontramos, e que também estava fascinado por Sêneca, escreveu um importante estudo que tratava dele com o título *Ensaio acerca dos reinados de Cláudio e Nero* (1778), no qual tentou defender Sêneca contra críticos recentes. Em particular, ele estava preocupado em refutar as acusações de hipocrisia e ganância, acusações que o próprio Diderot havia feito contra Sêneca em uma obra anterior. Em vez de ver o envolvimento de Sêneca na corte de Nero como um comprometimento de seus princípios estoicos, o Diderot maduro sugeriu que deveríamos, em vez disso, vê-lo como uma tentativa heroica de cumprir seu dever em circunstâncias impossíveis. As falhas de Sêneca eram falhas humanas, e seria errado julgar Sêneca contra a referência do sábio estoico quando ele nunca havia reivindicado ser um.

A notoriedade contínua de Sêneca na França do século XVIII é ainda ilustrada na obra do filósofo pró-epicurista Julien Offray de La Mettrie (1709-1751) e, em particular, em sua polêmica obra *Contra Sêneca* (1750). Nesse momento, a caricatura moderna do estoico como "severo, triste e duro" havia sido firmemente estabelecida:

> Que destoantes dos estoicos nós seremos! Esses filósofos são afetados, severos, duros; nós seremos alegres, suaves, complacentes. Totalmente almas, eles fazem abstração de seus corpos; totalmente corpos, nós faremos abstração de nossas almas. Eles se mostram inacessíveis ao prazer e à dor; nós nos vangloriaremos de sentir um e outro (La Mettrie, 1996, p. 119).

A imagem do filósofo rigoroso e inflexível, todo alma e sem corpo, pode trazer à mente um filósofo alemão que escreveu algumas décadas mais tarde: Immanuel Kant (1724-1804). Apesar das polêmicas antiestoicas entre acadêmicos alemães, como Buddeus e Brucker, o estoicismo continuou a exercer sua influência na filosofia alemã. No caso de Kant, isso ocorreu principalmente por meio das obras de Cícero. Em particular, Kant se baseou na obra *Deveres* de Cícero para sua própria *Fundamentação da metafísica dos costumes* (1785), na qual seguiu os estoicos ao argumentar, entre outras coisas, que os externos não têm valor inerente, apenas a vontade interna tem valor moral e a felicidade depende dessa vontade interna. A preocupação particular de Kant com a noção de dever reflete a discussão de Cícero dos deveres, que, por sua vez, se baseia na discussão agora perdida de Panécio dos "atos adequados". Há alguma distância entre o dever kantiano e os atos adequados dos estoicos antigos, mas por meio de Panécio e de Cícero é possível esboçar uma cadeia de influência de um para o outro.

O SÉCULO DEZENOVE E VINTE

Conforme vimos, desde o Renascimento até o século XVIII, o estoicismo provou ser uma influência vital no pensamento ocidental. As outras escolas helênicas do epicurismo e do ceticismo pirrônico também deixaram sua marca durante esse período. Como seu repórter antigo não oficial, Cícero foi amplamente lido. Houve apenas interesse limitado em Aristóteles (ainda associado ao escolasticismo medieval) ou em Platão (cuja popularidade diminuiu depois do Renascimento italiano).

No século XIX, sobretudo na Alemanha, as coisas começaram a mudar. O foco da atenção se deslocou das escolas helênicas para seus predecessores helênicos. O período helênico passou a ser visto cada vez mais como uma era de declínio e corrupção, enquanto o período helênico era visto como um período de pureza e criatividade. Por conseguinte, houve um interesse renovado nos filósofos helênicos Sócrates, Platão e Aristóteles, e uma rejeição condescendente das escolas helênicas posteriores. Essa mudança geral no foco influenciou os eruditos clássicos alemães do período, que criticavam amiúde o estoicismo como um sistema filosófico (cf. Ierodiakonou, 1999, p. 4). Essa mudança também foi espelhada por um declínio dramático na reputação de Cícero, que passou a ser cada vez mais depreciado como um compilador de segunda categoria de filosofia de segunda categoria, mais notoriamente pelo erudito alemão Theodor Mommsen (cf. MacKendrick, 1989, p. 288-9).

Como era de se esperar, o estoicismo não se saiu bem neste novo clima intelectual. Em suas *Lições da história da filosofia*, por exemplo, G. W. F. Hegel (1770-1831) apresentou o estoicismo como uma filosofia pouco original, que meramente desenvolve uma visão criativa do cinismo – "viver de acordo com a natureza" – e a refina em um sistema teórico por meio do acréscimo de uma dose de física emprestada de Heráclito. A preocupação dos estoicos posteriores com questões práticas prejudicou ainda mais o valor especulativo que poderia ter existido no Pórtico Pintado. Pelos padrões da própria concepção de Hegel do que deveria ser uma filosofia, o estoicismo não se saiu bem. O estoicismo reaparece na *Fenomenologia do Espírito* de Hegel, na qual é apresentado como o produto de uma cultura de escravidão e de medo. Nesse clima, o estoico, segundo Hegel, se retira para o reino do pensamento puro, sem prestar atenção às distinções concretas entre senhor e escravo. Isso é ilustrado de forma mais gráfica pelo fato de que tanto um escravo quanto um imperador, Epiteto e Marco Aurélio, poderiam adotar essa filosofia. O estoicismo, afirma Hegel, é uma filosofia voltada para o interior que erroneamente considera o desengajamento do mundo exterior uma forma de liberdade.

Essa atitude em relação ao estoicismo não se limitava de modo algum a Hegel. O "hegeliano de esquerda" Max Stirner (1806-56) resumiu o estoicismo nos seguintes termos em seu *O único e sua propriedade*:

> Os estoicos querem dar corpo ao ideal do *sábio*, do homem da *sabedoria de vida*, do homem que *sabe viver* – desejam realizar, assim, uma vida sábia; e encontram esse ideal no desprezo do mundo, numa vida sem evolução, sem crescimento, sem relações amigáveis com o mundo, ou seja, numa *vida isolada* (Stirner, 2004, p. 26).

Talvez inesperadamente, os famosos adversários de Stirner, Karl Marx (1818-83) e Friedrich Engels (1820-95), defenderam, em seu livro *A ideologia alemã*, os estoicos da caricatura de Stirner: "O sábio estoico não defende a ideia de uma 'vida sem desenvolvimento vital', mas sim a de uma vida absolutamente ativa, o que fica evidente já a partir de sua noção de natureza, que é heraclitiana, dinâmica, evolutiva e viva" (Marx; Engels, 2007, p. 142).

Essas preocupações com o estoicismo – com se é o produto de uma cultura de escravos; se está desengajado do mundo – ecoam na obra de Friedrich Nietzsche (1844-1900). As observações de Nietzsche quanto ao estoicismo aparecem em uma ampla gama de passagens que estão espalhadas por suas obras, e variam de altamente críticas e ironicamente depreciativas a respeitosas e admiradoras. Por um lado, ele ataca famosamente o ideal de viver de acordo com a natureza (Nietzsche, 1992, §9), enquanto por outro lado cita Epiteto e Sêneca como exemplos de grandes moralistas (Nietzsche, 2005, §282), reconhecendo que o cristianismo tornou difícil para nós compreender diretamente esses grandes pensadores pagãos (Nietzsche, 2001, §122). De fato, o que é mais marcante nos comentários explícitos de Nietzsche quanto ao estoicismo é a maneira como ele se destaca favoravelmente quando comparado com a moralidade cristã (Nietzsche, 2004, §§131, 139, 546). Para Nietzsche, o estoico é uma criatura envolvida em um processo de dominação de si (Nietzsche, 2004, §251; 1992, §188), e a dominação de si é para ele a mais alta forma de "vontade de poder".

Há também várias ressonâncias marcantes entre a filosofia de Nietzsche e o estoicismo, embora quase todas elas precisem ser qualificadas cuidadosamente. Nietzsche constrói o que tem sido chamado de ética naturalista (Schatzki, 1994), que compartilha muito com o estoicismo, embora Nietzsche não aceite as afirmações estoicas acerca da ordem racional e providencial do cosmos. Nietzsche também rejeita o que ele considera emoções prejudiciais, como a piedade (Nussbaum, 1994), e ainda argumenta em outros lugares que as emoções são totalmente naturais e não devem ser rejeitadas (Nietzsche, 1990, §198). Nietzsche delineia um conceito de eterno retorno, embora não necessariamente como uma doutrina cosmológica. Sua imagem do *além-do-homem* e o pensamento de que "o homem é algo que tem de ser superado" ecoam o sábio ideal dos estoicos e seus comentários igualmente severos a respeito da maioria da humanidade. Em seu *Schopenhauer como educador*, Nietzsche delineia uma concepção prática da filosofia como um modo de vida que traça uma analogia entre filosofia e a arte da medicina, e ainda assim, em outros lugares, ele é altamente crítico das escolas socráticas e seu eudemonismo. Em suma, embora claramente seria um erro sugerir que Nietzsche era de alguma forma um estoico moderno, suas obras contêm muitas ressonâncias interessantes, embora frequentemente ambíguas, com o estoicismo. Pode-se dizer que a medida em que Nietzsche pode seguir os estoicos estará em proporção direta ao quanto ele acha que eles podem oferecer uma alternativa filosófica genuína às filosofias do outro mundo do platonismo e do cristianismo.

Mais ou menos na mesma época em que Nietzsche escrevia na Europa, no mundo de língua inglesa, uma variedade de autores literários tornou-se fascinada pelas obras dos estoicos posteriores, em particular por Marco Aurélio. Thomas Arnold escreveu um importante ensaio acerca do imperador estoico (intitulado "Um ensaio acerca de Marco Aurélio"), em que descreveu Epiteto e Marco Aurélio como "grandes mestres da moral". Esse interesse vitoriano pelos autores estoicos, como muitos aspectos da cultura vitoriana, ignorou os desenvolvimentos do Iluminismo e remeteu a um período anterior. Marco Aurélio e Epiteto foram lidos novamente como amigos do cristianismo, assim como os neoestoicos os haviam lido cerca de trezentos anos antes. O julgamento de Diderot na *Enciclopédia* foi aparentemente esquecido. Nesse contexto, foram escritos vários livros que examinavam os estoicos posteriores, incluindo *Em demanda de deus* (1868), de F. W. Farrar, e *Estoico e cristão no século segundo* (1906), de Leonard Alston. Essas apresentações dos estoicos posteriores como pensadores semirreligiosos sem dúvida causaram tanto dano ao desenvolvimento de uma erudição estoica séria quanto os juízos desfavoráveis dos classicistas alemães no início do século.

A influência filosófica do estoicismo no século XX, diferentemente do aumento da erudição acadêmica dedicada ao estoicismo, torna-se mais difícil de rastrear. Na filosofia de língua inglesa, questões relativas à linguagem e à lógica passaram a dominar. Embora algumas semelhanças tenham sido observadas entre a lógica estoica e alguns dos desenvolvimentos na lógica moderna, ninguém sugeriria nenhuma influência direta. Interessante, porém, é um ensaio de Bertrand Russell (1872-1970), intitulado "Estoicismo e saúde mental" (em seu *Elogio da ociosidade*). Aqui, Russell defende um retorno ao "autocontrole estoico". Em particular, ele sugere que refletir acerca da morte pode ser uma meditação tanto saudável quanto útil, ecoando as consolações antigas de Sêneca e Epiteto. Filósofos anglófonos mais recentes trabalhando no campo da ética se beneficiaram do aumento do trabalho acadêmico a respeito do estoicismo antigo e alguns o utilizaram para seu próprio trabalho, especialmente aqueles que trabalham nos temas das emoções, ética da virtude e perfeccionismo moral. Um exemplo marcante disso é a ousada tentativa de Lawrence Becker de ressuscitar uma tradição ética estoica, ao imaginar como a ética estoica poderia parecer hoje se tivesse persistido como uma tradição filosófica contínua, adaptada aos desenvolvimentos em nosso entendimento do mundo físico e confrontada com teorias éticas modernas (cf. Becker, 1998). Também é digno de nota a recente tentativa de Martha Nussbaum de desenvolver o que ela chama de uma teoria "neoestoica" das emoções. Se, como os estoicos argumentam, nossas emoções refletem nossos juízos de valor, então elas podem muito bem ser "infundidas com inteligência e discernimento", sugere Nussbaum, formando um guia para a maneira como concebemos, avaliamos e valorizamos o mundo ao nosso redor (cf. Nussbaum, 2001).

No continente, a fenomenologia dominou a filosofia no início do século XX. Na França, isso se entrelaçou com o existencialismo associado a Jean-Paul Sartre (1905-80) e outros. Por meio da influência da discussão que Hegel faz da dialética senhor-escravo em sua *Fenomenologia do espírito*, o estoicismo continuou a exercer sua influência. Nos cadernos de Sartre compilados durante a Segunda Guerra Mundial, ele se descreve como um "estoico", talvez no sentido mais popular da palavra (Sartre, 1984, p. 46). Ele passa a caracterizar o estoicismo como uma filosofia voltada para uma transformação existencial total do indivíduo (Sartre, 1984, p. 82), uma filosofia que poderia ensiná-lo a viver (Sartre, 1984, p. 185). No entanto, ele conclui que não pode endossar totalmente a concepção estoica de liberdade como desapego tanto de objetos externos quanto de outras pessoas (Sartre, 1984, p. 293).

Na década de 1960, a filosofia centrada no sujeito do existencialismo deu lugar ao estruturalismo, uma perspectiva filosófica que tentava localizar o sujeito como apenas uma parte dentro de estruturas e redes muito maiores. Foi nesse contexto que dois importantes filósofos franceses do final do século XX se fascinaram pelo estoicismo.

O primeiro deles foi Michel Foucault (1926-84), que em suas últimas obras explorou o tema de criar uma "tecnologia do eu" e cujas discussões se basearam fortemente em autores filosóficos antigos. Os estoicos predominam entre suas fontes, e Foucault é citado como tendo dito que seu autor filosófico favorito durante esse período de sua vida foi Sêneca (Eribon, 1991, p. 331). No entanto, o projeto de Foucault tem sua inspiração principal na injunção de Sócrates de que é preciso "cuidar de si mesmo". Mas ele se baseia extensivamente nos estoicos como os filósofos antigos mais importantes que tentaram desenvolver técnicas para isso. Além disso, o fato de os estoicos terem desenvolvido tais técnicas dentro do contexto de uma ontologia materialista tornou seu trabalho altamente compatível com a visão filosófica mais ampla de Foucault, embora ele não comente diretamente essa afinidade. No entanto, apesar do fascínio de Foucault pelas tecnologias estoicas do eu, em vários lugares ele propõe a busca do prazer como o "objetivo" subjacente a seu trabalho posterior, tornando-o talvez mais um epicurista moderno do que um estoico, não obstante sua fascinação pelas técnicas e práticas estoicas.

Ao lado de Foucault está Gilles Deleuze (1925-95), que se envolveu explicitamente com os estoicos em seu livro de 1969, *Lógica do sentido*. Lá, seu interesse principal nos estoicos é duplo: eles oferecem uma teoria do significado ou sentido como uma entidade inexistente (ou seja, os incorpóreos dizíveis ou *lekta*), e eles oferecem uma imagem decididamente antiplatônica do filósofo. Para Deleuze, os estoicos estão no início de uma tradição de filosofia da imanência que se opõe à transcendência do platonismo, uma tradição que passa por Espinosa e por Nietzsche e chega até ao próprio Deleuze. A teoria estoica do sentido como um incorpóreo inexistente destaca seu materialismo rigoroso que afirma que apenas os corpos existem.

Além do engajamento explícito relativamente breve de Deleuze com os estoicos em *Lógica do sentido*, há uma série de ressonâncias implícitas com o estoicismo em seu trabalho colaborativo com Félix Guattari, *Mil platôs* (1980). Esta obra lê-se como um vasto manual ou livro de referência e segue o trabalho colaborativo anterior deles, *O anti-Édipo*, que Foucault caracterizou (em seu prefácio) como um livro de ética que propunha uma arte de viver. Em *Mil platôs*, encontramos uma física complexa de fluxos e forças, combinada com uma ética para desmontar as fronteiras entre o eu e o cosmos, que se assemelha a passagens em Marco Aurélio, junto com uma política de cosmopolitismo. Embora as diferenças em relação ao estoicismo sejam muitas, *Mil platôs* contém, no entanto, uma série de ecos inesperados de alguns dos temas centrais do estoicismo antigo. De fato, tais ecos podem ser encontrados em todo o trabalho de Deleuze, alguns vindo diretamente do Pórtico Pintado, outros mediados por Espinosa e por Nietzsche (ambos influências importantes em Deleuze). Como Nietzsche antes dele, um dos principais projetos filosóficos de Deleuze é construir uma filosofia de imanência que possa se apresentar como uma alternativa genuína à tradição platônica. Os estoicos foram os primeiros, afirma Deleuze, a oferecer qualquer alternativa desse tipo.

Esta apresentação recente do estoicismo como uma filosofia em oposição ao platonismo capta as importantes diferenças ontológicas entre essas duas filosofias, diferenças em que tocamos na discussão de *O sofista* de Platão no capítulo 4. No entanto, os estudiosos modernos estão atualmente ansiosos para enfatizar as conexões entre o estoicismo e Platão, chamaram a atenção para pontos em que os estoicos podem ter se baseado em argumentos ou ideias nos diálogos platônicos. Como acontece com tanto relacionado aos primeiros estoicos, as evidências explícitas para isso permanecem limitadas.

Resumo

Ofereci apenas um esboço superficial da influência posterior do estoicismo, mas pelo que vimos, é claro que houve relativamente poucos filósofos desde a Antiguidade que estiveram dispostos a se apresentar explicitamente a seus contemporâneos como "estoicos". Lípsio e alguns dos neoestoicos subsequentes são talvez as únicas pessoas a terem feito isso, e mesmo assim com importantes qualificações. Já na Idade Média e no Renascimento, assistiu-se a muitos que estavam preparados abertamente para se descreverem como aristotélicos ou platonistas. Uma das razões para isso, é claro, foi uma incompatibilidade básica entre a filosofia estoica e a doutrina cristã, não obstante as reivindicações dos apologistas neoestoicos. Vimos que as fortunas do estoicismo no Ocidente cristão variaram a depender de se o estoicismo estava principalmente associado à ética frequentemente amável dos estoicos tardios ou às ideias perigosas que tratavam de deus e do destino nos fragmentos dos estoicos antigos.

A escassez de figuras posteriores preparadas para se apresentarem como "estoicos" torna difícil falar de uma "tradição estoica" da maneira como se poderia legitimamente falar de uma tradição platônica ou aristotélica. Além disso, o filósofo que mais se aproxima de reviver uma visão de mundo amplamente estoica, Espinosa, distanciou-se explicitamente dos estoicos, por razões que provavelmente nunca conheceremos totalmente.

Apesar dessa conclusão um tanto negativa, também podemos ver que o estoicismo, no entanto, formou uma influência ampla e profunda, embora às vezes difusa, no pensamento ocidental. Formou um elemento importante no contexto intelectual de uma ampla gama de figuras-chave, de Agostinho e Abelardo a Erasmo e Montaigne, e infundiu os debates filosóficos do século XVII, contribuindo para o desenvolvimento da filosofia moderna. Os autores estoicos Sêneca e Epiteto continuam a atrair novos leitores e os detalhes da teoria ética estoica recebem cada vez mais atenção nas discussões filosóficas contemporâneas.

Glossário de nomes

Esta lista é seletiva. Mais informações quanto às figuras antigas podem ser encontradas no *Dicionário clássico de Oxford*. Os leitores de francês também devem observar o impressionante *Dicionário dos filósofos antigos* (Paris: CNRS, 1989-), ainda em andamento.

Aécio (séculos 1-2 e.c.), fonte doxográfica para o estoicismo reconstruída a partir de textos em Estobeu e de um texto falsamente atribuído a Plutarco.

Alexandre de Afrodisia (séculos 2-3 e.c.), filósofo aristotélico que argumentou contra os estoicos.

Antípatro de Tarso (séculos 3-2 a.e.c.), sexto senhor do Pórtico Pintado, que sucedeu Diógenes da Babilônia.

Arcesilau (séculos 4-3 a.e.c.), cético acadêmico que atacou o estoicismo.

Aristo de Quio (séculos 4-3 a.e.c.), pupilo de Zenão e estoico heterodoxo que rejeitou a doutrina dos indiferentes preferidos e não preferidos.

Ário Dídimo (século 1 a.e.c.), autor de um importante resumo da ética estoica, preservado por Estobeu.

Arriano (séculos 1-2 e.c.), famoso historiador e pupilo de Epiteto que registrou as palestras de Epiteto agora conhecidas como *Diatribes*.

Aulo Gélio (século 2 e.c.), autor literário cuja obra *Noites áticas* inclui várias discussões do estoicismo.

Boécio de Sídon (século 2 a.e.c.), filósofo estoico, pupilo de Diógenes da Babilônia, que se desviou na física ao afirmar a eternidade do mundo.

Calcídio (século 4 e.c.), filósofo neoplatônico cristão que discutiu a doutrina estoica em seu comentário ao *Timeu* de Platão.

Carnéades (séculos 3-2 a.e.c.), cético acadêmico crítico do estoicismo.

Catão, o jovem (século 1 a.e.c.), estadista romano e adepto do estoicismo famoso por seu nobre suicídio e frequentemente citado como um exemplo romano de um sábio estoico.

Crisipo de Solos (século 3 a.e.c.), terceiro e mais importante senhor do Pórtico Pintado.

Cícero (século 1 a.e.c.), estadista romano e autor filosófico, pupilo de Panécio e Possidônio.

Cleantes de Assos (séculos 4-3 a.e.c.), pupilo de Zenão que se tornou o segundo senhor do Pórtico Pintado.

Cleomedes (séculos 1-2 e.c.), autor estoico do texto cosmológico *Os céus*.

Cornuto (século 1 e.c.) estoico romano, com conexões próximas a Sêneca, que ensinou os poetas Lucano e Perseu.

Crates (séculos 4-3 a.e.c.), filósofo cínico que, como um dos professores de Zenão, formou uma influência importante no desenvolvimento do estoicismo.

Diógenes Laércio (século 3 e.c.) autor de relatos biográficos e doxográficos de filósofos anteriores, incluindo os estoicos.

Diógenes da Babilônia (séculos 3-2 a.e.c.), quinto senhor do Pórtico Pintado, que sucedeu Zenão de Tarso.

Diógenes de Sinope (século 4 a.e.c.), filósofo cínico frequentemente citado pelos estoicos como um exemplo de sábio.

Epiteto (séculos 1-2 e.c.), filósofo estoico que ensinou em Roma e Nicópolis.

Estilpo (século 4 a.e.c.), filósofo megárico com quem Zenão estudou.

Estobeu (século 5 e.c.), autor doxográfico cuja *Antologia* preserva textos de Cleantes, Ário Dídimo, Musônio Rufo e uma ampla gama de outros fragmentos estoicos.

Galeno de Pérgamo (século 2 e.c.), filósofo platônico e médico cujas obras incluem importantes discussões acerca do estoicismo.

Heráclito (séculos 6-5 a.e.c.), filósofo pré-socrático frequentemente citado como uma influência na física estoica.

Hiérocles (séculos 1-2 e.c.), autor estoico da obra *Elementos de ética*, sobrevivente apenas em papiro.

Marco Aurélio (século 2 e.c.), imperador romano e adepto do estoicismo.

Mnesarco (séculos 2-1 a.e.c.), oitavo senhor do Pórtico Pintado em Atenas (possivelmente em conjunto com Dárdano), que sucedeu seu professor Panécio.

Musônio Rufo (século 1 e.c.), estoico romano de origem etrusca que ensinou Epiteto.

Panécio de Rodes (século 2 a.e.c.), sétimo senhor do Pórtico Pintado.

Plutarco de Queroneia (séculos 1-2 e.c.), filósofo platônico e biógrafo literário, famoso por suas **Vidas Paralelas**, que escreveu polêmicas contra o estoicismo.

Polêmon (séculos 4-3 a.e.c.), senhor da Academia de Platão cujas palestras Zenão assistiu.

Possidônio (séculos 2-1 a.e.c.), estudou com Panécio e depois ensinou filosofia em Rodes.

Sêneca (século 1 e.c.), filósofo estoico, dramaturgo e estadista romano, ex-tutor do jovem Nero.

Sexto Empírico (séculos 2-3 e.c.), filósofo cético e médico cujas obras incluem importantes discussões da filosofia estoica.

Simplício (séculos 5-6 e.c.), filósofo neoplatônico que escreveu um comentário ao *Encheirídion* de Epiteto e discutiu doutrinas estoicas em seus comentários a Aristóteles.

Sócrates (século 5 a.e.c.), famoso filósofo ateniense frequentemente citado pelos estoicos como um exemplo de um sábio.

Zenão de Cítio (séculos 4-3 a.e.c.), fundador e primeiro senhor da escola estoica.

Zenão de Tarso (séculos 3-2 a.e.c.), quarto senhor do Pórtico Pintado, que sucedeu Crisipo.

Glossário de termos

Essa lista é seletiva. Um amplo espectro de termos filosóficos gregos é discutido em *O vocabulário filosófico grego* por J. O. Urmson (Londres: Duckworth, 1990), embora o foco esteja no vocabulário platônico e aristotélico. Os leitores que compreendem francês também podem consultar *O vocabulário dos estoicos* por V. Laurand (Paris: Ellipses, 2002).

Ação apropriada (*kathēkon*): ação natural para um animal particular em um contexto específico.

Ação completamente correta (*katorthōma*): ação apropriada aperfeiçoada que surge da virtude.

Algo (*ti*): qualquer coisa que seja real, seja um corpo ou um incorpóreo; a classe ontológica mais elevada.

Alma (*psyché*): o nível de tensão do pneuma que gera as propriedades animais de percepção, movimento e reprodução.

Apropriação (*oikeiosis*): o sentido primário de um animal por si mesmo.

Áreas de estudo (*topoi*): três tipos de exercício ou treino delineados por Epiteto.

Arte (*tékhne*): habilidade prática que exige conhecimento especializado.

Assentimento (*sunkatathesis*): aceitação de uma impressão que foi apresentada à alma.

Assertivo (*axiōma*): proposição que pode ser combinada com outras para formar argumentos silogísticos.

Coesão (*hexis*): o nível de tensão do pneuma que gera a unidade física em um corpo.

Cognição (*katálepsis*): um assentimento a uma impressão adequada; um bloco de construção para o conhecimento.

Concepções comuns (*koinai* énnoiai): generalizações mantidas por todos com base em impressões compartilhadas e preconcepções.

Conflagração (*ekpurōsis*): momento periódico de destruição do cosmos no qual é transformado em fogo criativo puro.

Conhecimento (*epistéme*): um sistema organizado e estruturado de cognições, semelhante ao que agora seria chamado de conhecimento científico.

Destino (*heimarmenē*): a contínua cadeia de causas na natureza.

Deus (*theos*): um ser vivo identificado com a natureza.

Emoção (*pathos*): uma perturbação mental baseada em um juízo racional.

Emoção boa (*eupatheia*): uma emoção racional, baseada em um assentimento correto; os três tipos são alegria, cautela e desejo.

Encargo nosso (eph' hēmin): termo de Epiteto para aquelas coisas que estão sob nosso controle, principalmente nossos assentimentos às impressões que formam a base de nossas opiniões, desejos e ações.

Escolha (*prohairesis*): nome dado por Epiteto para a parte da faculdade de comando consciente de tomar decisões; o que agora poderia ser chamado de "vontade" ou "eu".

Exercício (*askēsis*): a segunda etapa na aprendizagem de uma arte, que vem depois do estudo dos princípios teóricos relevantes.

Existência (*einai*): atributo ontológico reservado unicamente aos corpos.

Exprimível (*lekton*): o significado ou sentido transmitido pela fala.

Faculdade diretriz (*hegemonikón*): a parte governante da alma; o que agora seria chamado de mente.

Fala (*lexis*): uma instância articulada da voz que pode transmitir significado.

Felicidade (*eudaimonia*): o objetivo último da vida, sendo aquilo pelo qual tudo é feito, mas que não é em si por causa de nada mais.

Fogo criativo (*pur technikon*): identificado tanto com deus quanto com o pneuma ou sopro; aquilo em que o cosmos é reduzido no momento da conflagração.

Incorpóreo (*asōmaton*): uma entidade não corpórea que é real, mas não existe; os quatro tipos são o vazio, o tempo, o lugar e o enunciável.

Indiferente (*adiaphoron*): a classe de itens que não são nem bons nem maus, na qual se incluem todos os externos.

Mistura total (*krasis di'holōn*): a mistura completa de dois corpos na qual ambos estão em cada parte da mistura.

Modo (*tropos*): a forma estrutural de um determinado tipo de argumento silogístico.

Natureza (*physis*): o nível de tensão do pneuma que gera a vida biológica.

Não preferido (*apoproēgmenon*): subclasse dos indiferentes que se tentará evitar, embora não sejam, estritamente falando, maus.

Preconcepção (*prolēpsis*): concepções que ocorrem naturalmente e que formam a base para concepções desenvolvidas conscientemente.

Preferido (*proēgmenon*): subclasse dos indiferentes que se escolherá, embora não sejam, estritamente falando, bons.

Princípios (*archai*): os dois aspectos corpóreos do mundo físico.

Progredir (*prokopē*): categoria daqueles que trabalham em direção ao ideal do sábio.

Qualificado comumente (*koinōs poion*): refere-se à qualidade que uma entidade particular compartilha com outras entidades particulares.

Qualificado de maneira peculiar (*idiōs poion*): refere-se à qualidade única que uma entidade particular tem, a qual a torna distinguível de todas as outras entidades.

Representação adequada (*phantasia katalēptikē*): impressão cuja veracidade é imediatamente óbvia e indubitável.

Representação (*phantasía*): uma marca na alma, geralmente produto da experiência sensorial, mas também pode ser o produto do raciocínio.

Sábio (*sophos*): imagem idealizada do ser humano perfeitamente racional.

Sopro (*pneuma*): o princípio ativo na natureza, por vezes identificado com deus, por vezes com a alma de deus.

Subsistência (*huphistasthai*): a condição ontológica dos incorpóreos; uma subclasse de ser algo que contrasta com a existência.

Tensão (*tonos*): uma propriedade do sopro ou pneuma, cujo nível determina as características do pneuma.

Todo (*hólon*): refere-se ao cosmos que contém tudo o que existe, em contraste com o "tudo".

Tudo (*pan*): refere-se ao cosmos e ao vazio extracósmico que o rodeia.

Valor (*axia*): a característica dos indiferentes preferidos, como saúde, riqueza e reputação, embora não sejam, estritamente falando, bons.

Virtude (*aretē*): uma disposição excelente da alma, a única coisa considerada boa.

Voz (*phōnē*): um movimento físico do ar pela boca.

BIBLIOGRAFIA EM PORTUGUÊS

AULO GÉLIO. *Noites áticas*. Londrina: Eduel, 2010.

ÁRIO DÍDIMO. Epítome de ética estoica, 2.7.5A-2.7.5B. *Trans/Form/Ação*, Marília, v. 39, n. 2, p. 255-274, abr.-jun., 2016

CÍCERO. *Acadêmicas*. Belo Horizonte: Edições Nova Acrópole, 2012.

CÍCERO. *Textos filosóficos*. 2. ed. Lisboa: Fundação Calouste Gulbenkian, 2018.

CÍCERO. *Textos filosóficos II*: Diálogos em Túsculo. Lisboa: Fundação Calouste Gulbenkian, 2014.

CÍCERO. *Textos filosóficos III*: A natureza dos deuses: a adivinhação. Tradução do latim, introdução e notas de José Antônio Segurado e Campos. Lisboa: Fundação Calouste Gulbenkian, 2020.

CÍCERO. *Sobre o destino*. São Paulo: Nova Alexandria, 2001.

CLEANTES. Hino a Zeus – fragmento. Tradução, apresentação e notas Rodrigo Pinto de Brito. *Anais de Filosofia Clássica*, Rio de Janeiro, vol. 7 n. 14, p. 55-73, nov. 2013.

DIÓGENES LAÉRCIO. *Vidas e doutrinas dos filósofos ilustres*. Brasília: Editora Unb, 2008.

EPITETO. *Diatribes*, livro 1. Coimbra: Imprensa da Universidade de Coimbra, 2020.

EPITETO. *Encheirídion*. Coimbra: Imprensa da Universidade de Coimbra, 2014.

LOCKE, J. *Ensaio acerca do entendimento humano*. 5. ed. Lisboa: Fundação Calouste Gulbenkian, 2014.

LUCIANO DE SAMOSATA. O bibliômano ignorante. *In: Luciano [I]*. Coimbra: Imprensa da Universidade de Coimbra, 2012.

MALEBRANCHE, N. *A busca da verdade*. São Paulo: Paulus/Discurso, 2004.

MARCO AURÉLIO. *Meditações*. Petrópolis: Vozes, 2023.

MARX, K.; ENGELS, F. *A ideologia alemã*. São Paulo: Boitempo, 2007.

NIETZSCHE, F. *A gaia ciência*. São Paulo: Companhia das Letras, 2001.

NIETZSCHE, F. *Além do bem e do mal*. Tradução, notas e posfácio Paulo César de Souza. São Paulo: Companhia das Letras, 1992.

NIETZSCHE, F. *Aurora*. Tradução, notas e posfácio Paulo César de Souza. São Paulo: Companhia das Letras, 2004.

NIETZSCHE, F. *Humano, demasiado humano*. Tradução, notas e posfácio Paulo César de Souza. São Paulo: Companhia das Letras, 2005.

NIETZSCHE, F. *Obras incompletas*. Seleção de textos de Gérard Lebrun. Tradução e notas de Rubens Rodrigues Torres Filho. São Paulo: Abril Cultural, 1974.

NIETZSCHE, F. *Schopenhauer como educador*. Tradução de Giovane Rodrigues e Tiago Tranjan. São Paulo: Mundaréu, 2018.

ORÍGENES. *Contra Celso*. São Paulo: Paulus, 2004.

PASCAL, B. *Conversa com o Senhor de Sacy sobre Epiteto e Montaigne*. São Paulo: Alameda, 2014.

PLOTINO, *Enéada* VI: livro I. João Pessoa: Ideia, 2023.

PLUTARCO. Que os estoicos falam mais paradoxalmente que os poetas. Tradução, apresentação e notas Rodrigo Pinto de Brito. *Anais de Filosofia Clássica*, Rio de Janeiro, vol. 7 n. 13, p. 110-116, mai. 2013.

SÊNECA. *Cartas a Lucílio*. 4. ed. Lisboa: Fundação Calouste Gulbenkian, 2009.

SÊNECA. *Sobre a brevidade da vida. Sobre a firmeza do sábio*. São Paulo: Penguin/Companhia das Letras, 2017.

SÊNECA. *Sobre a brevidade da vida & Sobre o ócio*: diálogos estoicos sobre o tempo. Petrópolis: Vozes, 2021a.

SÊNECA. *Sobre a ira. Sobre a tranquilidade da alma*. São Paulo: Penguin/Companhia das Letras, 2014.

SÊNECA. *Sobre a providência. Sobre a vida feliz. Sobre o ócio*. São Paulo: Penguin/Companhia das Letras, 2021b.

STIRNER, M. *O único e a sua propriedade*. Lisboa: Antígona, 2004.

BIBLIOGRAFIA

ANNAS, J. *Hellenistic Philosophy of Mind*. Berkeley: University of California Press, 1992.

ARNOLD, E. V. *Roman Stoicism*. Cambridge: Cambridge University Press, 1911.

BALDRY, H. C. Zeno's Ideal State. *Journal of Hellenic Studies*, v. 79, p. 3-15, 1959.

BARNES, J. *Logic and the Imperial Stoa*. Leiden: Brill, 1997.

BATTLES, F. L.; HUGO, A. M. *Calvin's Commentary on Seneca's De Clementia*. Leiden: Brill, 1969.

BECK, L. W. *Early German Philosophy*: Kant and his Predecessors. Cambridge: Harvard University Press, 1969.

BECKER, L. C. *A New Stoicism*. Princeton: Princeton University Press, 1998.

BOCHEŃSKI, I. M. *Ancient Formal Logic*. Amsterdam: North-Holland, 1951.

BOTER, G. *The Encheiridion of Epictetus and its Three Christian Adaptations*. Leiden: Brill, 1999.

BOTTIN, F. et al. *Models of the History of Philosophy:* From its Origins in the Renaissance to the "Historia Philosophica". Dordrecht: Kluwer, 1993.

BROOKE, C. Stoicism and Anti-Stoicism in the Seventeenth Century. *In*: BLOM, H. W.; WINKEL, L. C. (eds). *Grotius and the Stoa*, p. 93-115. Assen: Royal Van Gorcum, 2004.

BROUWER, R. Sagehood and the Stoics. *Oxford Studies in Ancient Philosophy*, v. 23, p. 181-224, 2002.

BRUNSCHWIG, J. La théorie stoïcienne du genre suprême et l'ontologie platonicienne. *In*: BARNES, J.; MIGNUCCI, M. (eds). *Matter and Metaphysics*, p. 19-27. Naples: Bibliopolis, 1988. Publicado em inglês como: The Stoic Theory of the Supreme Genus and Platonic Ontology. *In*: *Brunschwig's Papers in Hellenistic Philosophy*, p. 92-157. Cambridge: Cambridge University Press, 1994.

BRUNSCHWIG, J. Stoic Metaphysics. *In*: INWOOD, B. (ed). *The Cambridge Companion to the Stoics*, p. 206-232, 2003.

CASTON, V. Something and Nothing: The Stoics on Concepts and Universals. *Oxford Studies in Ancient Philosophy*, v. 17, p. 145-213, 1999.

CLARK, G. H. *Selections from Hellenistic Philosophy*. Nova York: Appleton-Century-Crofts, 1940.

COOPER, J. M. Posidonius on Emotions. *In*: *Reason and Emotion*, p. 449-484. Princeton: Princeton University Press, 1999.

DEMONET, M.-L. *Michel de Montaigne, Les Essais*. Paris: Presses Universitaires de France, 1985.

DIELS, H. (org.). *Doxographi Graeci*. Berlim: de Gruyter, [1879] 1965.

DOBBIN, R. F. *Epictetus, Discourses, Book I*. Oxford: Clarendon Press, 1998.

EBBESEN, S. Where Were the Stoics in the Late Middle Ages? *In*: STRANGE, S. K.; ZUPKO, J. (eds). *Stoicism:* Traditions and Transformations, p. 108-131. Cambridge: Cambridge University Press, 2004.

ENFIELD, W. *The History of Philosophy, from the Earliest Times to the Beginnings of the Present Century, Drawn up from Brucker's Historia Critica Philosophiae*. 2 vols. Londres: William Baynes, 1819.

ERIBON, D. *Michel Foucault*. Cambridge: Harvard University Press, 1991.

FAKHRY, M. *Ethical Theories in Islam*. 2. ed. Leiden: Brill, 1994.

FREDE, M. Stoics and Skeptics on Clear and Distinct Impressions. *In*: BURNYEAT, M. (ed). *The Skeptical Tradition*, p. 65-93. Berkeley: University of California Press, 1983.

FREDE, M. Stoic Epistemology. *In*: ALGRA, K.; BARNES, J.; MANSFELD, J.; SCHOFIELD, M. (eds). *The Cambridge History of Hellenistic Philosophy*, p. 295-322. Cambridge: Cambridge University Press, 1999.

GIGANTE, M. *Philodemus in Italy:* The Books from Herculaneum. Ann Arbor: University of Michigan Press, 1995.

GOULD, J. B. *The Philosophy of Chrysippus*. Leiden: Brill, 1970.

GOULET-CAZÉ, M.-O. *Les Kynica du stoïcisme*. Stuttgart: Franz Steiner Verlag, 2003.

GRAESER, A. *Plotinus and the Stoics*. Leiden: Brill, 1972.

GUTAS, D. Pre-Plotinian Philosophy in Arabic (Other than Platonism and Aristotelianism): A Review of the Sources. *ANRW*, v. II.36.7, p. 4939-4973, 1993.

HAASE, W.; TEMPORINI, H. (eds). *Aufstieg und Niedergang der Römischen Welt*. Berlim: de Gruyter, 1972-.

HADOT, P. *The Inner Citadel: The Meditations of Marcus Aurelius*. Trad. M. Chase. Cambridge: Harvard University Press, 1998.

HAHM, D. E. *The Origins of Stoic Cosmology*. Columbus: Ohio State University Press, 1977.

HANKINSON, R. J. Stoic Epistemology. *In*: INWOOD, B. (ed). *The Cambridge Companion to The Stoics*, p. 59-84, 2003.

IERODIAKONOU, K. The Study of Stoicism: Its Decline and Revival. *In*: IERODIAKONOU, K. (ed). *Topics in Stoic Philosophy*, p. 1-22. Oxford: Clarendon Press, 1999.

INWOOD, B. (ed). *The Cambridge Companion to The Stoics*. Cambridge: Cambridge University Press, 2003.

INWOOD, B.; GERSON, L. P. *Hellenistic Philosophy*: Introductory Readings. 2. ed. Indianapolis: Hackett, 1997.

JADAANE, F. *L'influence du Stoïcisme sur la pensée musulmane*. Beirut: El-Machreq, 1968.

KNEALE, W.; KNEALE, M. *The Development of Logic*. Oxford: Clarendon Press, 1962.

KRAYE, J. *Cambridge Translations of Renaissance Philosophical Texts, Volume I: Moral Philosophy*. Cambridge: Cambridge University Press, 1997.

LA METTRIE, J. O. *Machine Man and Other Writings*. Trad. A. Thomson. Cambridge: Cambridge University Press, 1996.

LAPIDGE, M. Archai and Stoicheia: A Problem in Stoic Cosmology. *Phronesis*, v. 18, p. 240-278, 1973.

LEIBNIZ, G. W. *Philosophical Essays*. Trad. R. Ariew; D. Garber. Indianapolis: Hackett, 1989.

LOCKE, J. *An Essay Concerning Human Understanding*. Oxford: Clarendon Press, 1975.

LONG, A. A. The Logical Basis of Stoic Ethics. *Proceedings of the Aristotelian Society*, v. 71, p. 85-104, 1970-1971. Reimpresso em: *Stoic Studies*, p. 134-155. Cambridge: Cambridge University Press, 1996.

LONG, A. A. Socrates in Hellenistic Philosophy. *Classical Quarterly*, v. 38, p. 150-171, 1988. Reimpresso em: *Stoic Studies*, p. 1-34. Cambridge: Cambridge University Press, 1996.

LONG, A. A. Stoic Eudaimonism. *Proceedings of the Boston Area Colloquium in Ancient Philosophy*, v. 4, p. 77-101, 1989. Reimpresso em: *Stoic Studies*, p. 179-201. Cambridge: Cambridge University Press, 1996.

LONG, A. A. Hierocles on Oikeiôsis and Self-Perception. *In*: BOUDOURIS, K. J. (ed). *Hellenistic Philosophy*, v. I, p. 93-104. Atenas: International Center for Greek Philosophy and Culture, 1993. Reimpresso em: *Stoic Studies*, p. 250-263. Cambridge: Cambridge University Press, 1996.

MACKENDRICK, P. *The Philosophical Books of Cicero*. Londres: Duckworth, 1989.

MARENBON, J.; ORLANDI, G. *Peter Abelard, Collationes*. Oxford: Clarendon Press, 2001.

MARX, K.; ENGELS, F. *The German Ideology*. Trad. C. Dutt. Moscow: Progress Publishers, 1964.

NIETZSCHE, F. *The Gay Science*. Trad. W. Kaufmann. Nova York: Vintage, 1974.

NIETZSCHE, F. *Daybreak*. Trad. R. J. Hollingdale. Cambridge: Cambridge University Press, 1982.

NIETZSCHE, F. *Human, All Too Human*. Trad. R. J. Hollingdale. Cambridge: Cambridge University Press, 1986.

NIETZSCHE, F. *Beyond Good and Evil*. Trad. R. J. Hollingdale. Harmondsworth: Penguin, 1990.

NUSSBAUM, M. C. Pity and Mercy: Nietzsche's Stoicism. *In*: SCHACHT, R. (ed). *Nietzsche, Genealogy, Morality*: Essays on Nietzsche's Genealogy of Morals, p. 139-167. Berkeley: University of California Press, 1994.

NUSSBAUM, M. C. *Upheavals of Thought*: The Intelligence of the Emotions. Cambridge: Cambridge University Press, 2001.

OBBINK, D. *Philodemus, On Piety, Part 1*. Oxford: Clarendon Press, 1996.

OBBINK, D.; VANDER WAERDT, P. A. Diogenes of Babylon: The Stoic Sage in the City of Fools. *Greek, Roman, and Byzantine Studies*, v. 32, p. 355-396, 1991.

OLIVER, R. P. *Niccolo Perotti's Version of The Enchiridion of Epictetus*. Urbana: University of Illinois Press, 1954.

PANIZZA, L. A. Stoic Psychotherapy in the Middle Ages and Renaissance: Petrarch's De Remediis. *In*: OSLER, M. J. (ed). *Atoms, Pneuma, and Tranquillity*: Epicurean and Stoic Themes in European Thought, p. 39-65. Cambridge: Cambridge University Press, 1991.

POMEROY, A. J. (org.). *Arius Didymus:* Epitome of Stoic Ethics. Atlanta: Society of Biblical Literature, 1999.

RAND, B. *The Life, Unpublished Letters, and Philosophical Regimen of Anthony, Earl of Shaftesbury*. Londres: Sawn Sonnenschein, 1900.

RANDALL, J. H. Pietro Pomponazzi. *In*: CASSIRER, E.; KRISTELLER, P. O.; RANDALL, J. H. (eds). *The Renaissance Philosophy of Man*, p. 257-279. Chicago: University of Chicago Press, 1948.

RIST, J. M. *Stoic Philosophy*. Cambridge: Cambridge University Press, 1969.

RIST, J. M. Seneca and Stoic Orthodoxy. *ANRW*, v. II.36.3, p. 1993-2012, 1989.

ROCHE, K. F. *Rousseau:* Stoic and Romantic. Londres: Methuen, 1974.

ROSENMEYER, T. G. *Senecan Drama and Stoic Cosmology*. Berkeley: University of California Press, 1989.

ROSS, G. M. Seneca's Philosophical Influence. *In*: COSTA, C. D. N. (ed). *Seneca*, p. 116-165. Londres: Routledge & Kegan Paul, 1974.

SAMBURSKY, S. *Physics of the Stoics*. Londres: Routledge & Kegan Paul, 1959.

SANDBACH, F. H. Ennoia and Prolēpsis in the Stoic Theory of Knowledge. *Classical Quarterly*, v. 24, p. 44-51, 1930. Reimpresso em: LONG, A. A. (ed). *Problems in Stoicism*, p. 22-37. Londres: Athlone, 1971.

SARTRE, J.-P. *War Diaries:* Notebooks from a Phoney War. Trad. Q. Hoare. Londres: Verso, 1984.

SAUNDERS, J. L. *Greek and Roman Philosophy after Aristotle*. Nova York: Free Press, 1966.

SAUNDERS, J. L. *Justus Lipsius:* The Philosophy of Renaissance Stoicism. Nova York: Liberal Arts Press, 1955.

SCHATZKI, T. R. Ancient and Naturalistic Themes in Nietzsche's Ethics. *Nietzsche Studien*, v. 23, p. 146-167, 1994.

SCHOFIELD, M. *The Stoic Idea of the City*. Cambridge: Cambridge University Press, 1991.

SCHOFIELD, M. Stoic Ethics. *In*: INWOOD, B. (ed). *The Cambridge Companion to The Stoics*, p. 233-256, 2003.

SCOTT, D. Innatism and the Stoa. *Proceedings of the Cambridge Philological Society*, v. 34, p. 123-153, 1988.

SCREECH, M. A. *Michel de Montaigne:* The Complete Essays. Harmondsworth: Penguin, 1991.

SEDLEY, D. The Origins of Stoic God. *In*: FREDE, D.; LAKS, A. (eds). *Traditions of Theology*, p. 41-83. Leiden: Brill, 2002.

SEDLEY, D. The School, from Zeno to Arius Didymus. *In*: INWOOD, B. (ed). *The Cambridge Companion to The Stoics*, p. 7-32, 2003.

SELLARS, J. *The Art of Living*: The Stoics on the Nature and Function of Philosophy. Aldershot: Ashgate, 2003.

SORABJI, R. *Matter, Space, and Motion*. Londres: Duckworth, 1988.

SORABJI, R. *Emotion and Peace of Mind: From Stoic Agitation to Christian Temptation*. Oxford: Oxford University Press, 2000.

SORABJI, R. *The Philosophy of the Commentators, 200-600 AD: 2. Physics*. Londres: Duckworth, 2004.

STIRNER, M. *The Ego and Its Own*. Trad. S. Byington. Londres: Rebel Press, 1993.

TODD, R. B. The Stoic Common Notions: A Re-examination and Reinterpretation. *Symbolae Osloenses*, v. 48, p. 47-75, 1973.

TODD, R. B. Monism and Immanence: The Foundations of Stoic Physics. *In*: RIST, J. M. (ed). *The Stoics*, p. 137-160. Berkeley: University of California Press, 1978.

WACHSMUTH, C.; HENSE, O. (eds.). *Anthologium*. Berlim: Weidmann, 1884-1912.

ÍNDICE REMISSIVO

A
Abelardo 188
Academia 21, 26, 105, 122, 155, 213
Acadêmico(s) 16, 27, 29, 39, 45, 47, 57, 105, 163, 201, 206, 211, 212.
Acadêmica(s) 13, 45, 55, 57, 105, 206
Ações completamente corretas 165
Adriano (o imperador) 39
Aécio 15, 97, 109, 110, 112, 124, 137, 138, 145, 211
Agátias 50
Agostinho 98, 187, 189, 210
Alexandre de Afrodísias 15, 48, 56, 184, 190, 211
Alma 32, 33, 36, 42, 47, 53, 54, 59, 60, 61, 62, 64, 65, 71, 74, 76, 83, 95, 96, 109, 110, 116, 117, 127, 135, 137, 144, 145, 146, 149, 151, 156, 159, 161, 162, 163, 168, 169, 173, 181, 189, 199, 201, 215, 217, 218
Alquíndi 186, 187
Analogia do cilindro 62
Anarquista 177
Ângelo Policiano 190
Antíoco 155
Antípatro 175
  de Tarso 31, 211
Apatheia. Cf. Emoção
Apolodoro 131
Apropriação 22, 147, 164, 195
Aquino, Tomás 188
Arcesilau 29, 105, 211
Aretas de Cesareia 185, 186, 187
Argumento
  do ninguém 120
  preguiçoso 143
Aristo 28, 154
Arístocles 55
Aristo de Quio 27, 28, 29, 78, 168, 211
Arnold, Thomas 205

Arquitas 133, 134
Arriano 35, 40, 52, 56, 211
Assentir 79, 97, 98, 99, 100, 101, 102, 103, 104, 105, 159, 160, 162, 163, 164, 173, 174, 216
Asserir 34, 76, 88, 123
Asserível 88, 89, 90, 96, 114
Ateísmo 197, 198
Atenodoro 37, 55
Aulo Gélio 16, 38, 40, 42, 51, 62, 97, 98, 99, 211
Autopreservação 147, 148, 149, 150, 151, 153, 167, 177
Averróis 188

B
Barlaão de Seminara 189
Becker 206
Bem (o) 93, 112, 113, 148, 167
Bens externos 23, 171
Bento, São 185
Boécio de Sídon 132, 138, 197, 212

C
Calcídio 16, 139, 212
Calvino 24, 191, 192
Carnéades 105, 155, 212
Catão o Jovem 66, 67, 68, 69, 150, 188, 212
Celso 51
Céticos, ceticismo 47, 105, 141, 193, 202
Cícero 16, 21, 22, 24, 31, 32, 45, 46, 60, 64, 65, 67, 83, 95, 104, 105, 107, 112, 117, 122, 128, 129, 130, 131, 142, 143, 144, 147, 150, 152, 153, 155, 157, 160, 164, 172, 175, 178, 179, 187, 188, 189, 192, 201, 202, 212
Cidade
  cósmica 179, 180
  definição de 179

Cínicos, cinismo 22, 23, 25, 26, 60, 70, 154, 176, 202
Cipião Africano 31
Cleantes 22, 27, 28, 29, 33, 49, 51, 55, 78, 128, 132, 139, 150, 170, 197, 212, 213
Cleomedes 16, 34, 42, 43, 55, 133, 134, 212
Cognição 102, 104, 105, 114
Concepções comuns 109, 111
Conflagração 126, 134, 135, 136, 137, 138, 216, 217
Conhecimento 11, 23, 46, 50, 63, 76, 77, 86, 96, 100, 102, 104, 105, 109, 112, 113, 114, 185, 186, 215, 216
Cornuto 34, 37, 96, 212
Cosmologia 43, 63, 133
Cosmopolitismo 175, 176, 209
Cosmos 23, 42, 81, 123, 124, 125, 126, 129, 130, 131, 132, 133, 134, 135, 136, 137, 138, 141, 142, 144, 146, 170, 175, 178, 179, 204, 208, 216, 217, 218
Crates 27, 154, 176, 177
   o cínico 25, 60, 176, 177
Crisipo 22, 29, 30, 31, 32, 33, 38, 44, 46, 47, 51, 52, 53, 54, 55, 60, 62, 65, 70, 71, 73, 86, 95, 110, 120, 121, 122, 131, 139, 140, 143, 144, 146, 147, 148, 157, 160, 168, 178, 212, 214
Cristianismo 36, 192, 198, 204, 205
Critério da verdade 105, 108

D

Damáscio 50, 183, 184
Dárdano 32, 213
Deleuze, G. 11, 208, 209
Demétrio (o cínico) 141
Descartes, René 24, 101, 102, 195, 198
Desejo 13, 26, 33, 41, 54, 75, 79, 80, 148, 150, 155, 159, 162, 163, 172, 177, 189, 216
Destino 24, 50, 81, 138, 139, 140, 142, 144, 181, 194, 197, 210
Destruição periódica do mundo 31, 32
Deus (concepção estoica de) 23, 67, 122, 126, 128, 129, 130, 132, 133, 135, 137, 139, 140, 141, 144, 171, 172, 194, 196, 197, 199, 205, 210, 217, 218

Dião Crisóstomo 38
Diderot, Denis 199, 200, 205
Digestão (de princípios filosóficos) 75
Diocles de Magnésia 49
Diodoro Crono 89
Diógenes da Babilônia 22, 30, 31, 32, 179, 212
Diógenes Laércio 16, 29, 49, 70, 72, 86, 110, 111, 123, 131, 132, 135, 136, 147, 169, 212
Diógenes, o cínico 54, 62, 68, 175
Dionísio 27
Discurso 92, 93
Doenças da alma. *Cf.* emoções
Domiciano (o imperador) 39
Du Vair, Guilherme 194, 198

E

Educação filosófica (duas etapas da) 26, 73, 74, 78, 79
Elementos (os quatro) 126, 127, 135, 136, 137
Emoção/Emoções 11, 23, 24, 27, 32, 33, 61, 62, 64, 76, 78, 82, 97, 98, 156, 157, 158, 159, 160, 161, 162, 163, 164, 170, 173, 174, 181, 189, 192, 197, 198, 204, 206, 216
Empirismo 109, 112
"Encargos nossos" e "Não encargos nossos" 41, 155, 157, 196
Epafrodito 39
Epicurista 48, 49, 138, 193, 201, 208
Epicuro 21, 49, 68, 180
Epistemologia 23, 46, 70, 80, 85, 96, 99, 106, 108, 109, 158, 181
Epiteto 16, 22, 34, 35, 37, 38, 39, 40, 41, 42, 43, 47, 50, 51, 52, 53, 54, 55, 57, 58, 59, 60, 61, 68, 69, 72, 73, 75, 76, 77, 79, 81, 84, 97, 98, 102, 107, 111, 113, 132, 147, 149, 155, 156, 158, 159, 163, 175, 184, 185, 186, 187, 190, 193, 194, 196, 198, 200, 203, 204, 205, 206, 210, 211, 212, 213, 214, 215, 216
Erasístrato 146
Erasmo de Roterdã 24, 66, 191, 192, 210
Esfero 27
Estilpo 26, 86, 213

Estobeu 15, 16, 28, 38, 42, 49, 125, 137, 211, 213
Estoicismo intermediário 30
Estoicos antigos 12, 25, 28, 29, 32, 33, 34, 44, 46, 51, 55, 56, 57, 63, 76, 132, 139, 179, 185, 201, 210
Eterno retorno 138, 204
Ética 12, 16, 23, 26, 27, 28, 31, 34, 43, 44, 46, 63, 64, 70, 71, 72, 73, 79, 80, 82, 85, 146, 147, 148, 166, 168, 169, 175, 177, 181, 187, 189, 194, 198, 204, 206, 208, 210, 211
Etimologia 95
Eubúlides 86
Euclides 86
Eufrates 38
Exercícios (filosóficos, espirituais) 53, 56, 73, 74, 75, 77, 78, 82
Exprimível 88, 92, 93, 95, 114

F

Faculdade
    de "escolha" 156
    diretriz 47, 145, 146, 156
Felicidade 23, 31, 41, 42, 52, 58, 111, 152, 154, 157, 167, 168, 169, 171, 180, 181, 189, 196, 201
Filosofia 11, 12, 13, 21, 22, 24, 26, 27, 29, 30, 32, 33, 34, 35, 36, 37, 38, 40, 41, 44, 45, 46, 48, 49, 52, 54, 55, 57, 58, 59, 60, 61, 63, 67, 70, 71, 72, 73, 75, 76, 77, 79, 80, 81, 82, 83, 85, 91, 97, 105, 130, 159, 167, 168, 176, 184, 185, 186, 187, 188, 189, 191, 192, 197, 198, 199, 200, 201, 202, 204, 206, 207, 208, 209, 210, 213
Filóstrato 37
Física 12, 27, 28, 34, 36, 44, 55, 62, 70, 71, 72, 73, 79, 80, 82, 85, 92, 93, 95, 114, 115, 121, 122, 125, 127, 129, 132, 138, 146, 147, 148, 149, 151, 152, 153, 178, 181, 203, 208, 212, 213, 216
Fogo 122, 126, 127, 134, 135, 136, 137, 216
Fortuna 41, 51, 163, 181, 189
Foucault 24, 207, 208
Fraqueza de vontade 76
Frontão 51

G

Gaia 133
Galeno 16, 30, 32, 44, 46, 47, 56, 61, 64, 86, 146, 157, 163, 186, 213
Gilles Deleuze 208
Grócio 195
Guattari, F. 208

H

Habituação. *Cf.* digestão
Hegel, G. W. F. 202, 203, 207
Heinsius, D. 195
Heráclito 29, 55, 122, 203, 213
Herculano 30, 51
Hércules 68
Hérilos 27
Hiérocles 16, 34, 42, 43, 55, 145, 213
Hobbes, T. 197
Homero 160
Hume, D. 109

I

Idade Média 24, 42, 183, 185, 188, 210
Ideias inatas 109, 110, 111, 112
Impulso 145
Incorpóreos 92, 94, 95, 117, 118, 119, 123, 124, 133, 208, 218
Indiferentes 28, 141, 151, 152, 153, 154, 155, 156, 164, 165, 172, 175, 181, 211, 217, 218

J

Jerônimo 187
Johann Franz Buddeus 198, 199, 201
Johann Jakob Brucker 199, 201
John Bramhall 196, 197
Juízo de valor 100, 101, 158, 174
Juízos 23, 61, 62, 79, 100, 156, 157, 159, 163, 167, 172, 173, 174, 181, 206
Júlio César 66
Justiniano (o imperador) 50, 185

K

Kant, I. 11, 66, 166, 201

L

Lactâncio 162, 187
La Mettrie, J. O. de 201
Leibniz, G. W. 24, 110, 111, 198

Liceu 21
Linguagem 40, 63, 70, 85, 91, 92, 94, 95, 120, 132, 206
Lípsio, J. 192, 193, 194, 195, 198, 199, 209
Livre-arbítrio 24, 139, 142, 194, 196, 197, 199
Locke, J. 109, 110, 111, 113
Lógica 12, 26, 27, 28, 34, 37, 43, 47, 48, 63, 70, 71, 72, 73, 79, 80, 82, 84, 85, 86, 87, 91, 114, 206
Lucano 22, 37, 66, 67, 212
Luciano 51, 186
Łukasiewicz, J. 86

M
Malebranche, N. 24, 196
Marco Aurélio 12, 17, 22, 34, 35, 38, 41, 42, 43, 48, 75, 100, 132, 172, 174, 183, 185, 195, 200, 203, 205, 209, 213
Marx, K. 203
Materialismo 51, 115, 117, 119, 132, 146, 194, 198, 208
Megáricos 86, 89
Mistura 15, 48, 217
Mnesarco 32, 213
Mommsen 202
Monismo 123
Montaigne, M. 11, 24, 192, 193, 194, 196, 210
Musônio Rufo 17, 22, 34, 37, 39, 49, 59, 213

N
Natureza 16, 22, 24, 26, 27, 41, 44, 45, 52, 53, 54, 57, 62, 67, 81, 82, 84, 91, 96, 98, 105, 107, 111, 113, 114, 115, 122, 123, 127, 128, 129, 130, 132, 140, 141, 143, 144, 147, 148, 152, 155, 164, 165, 167, 170, 171, 172, 173, 174, 175, 188, 191, 197, 202, 203, 204, 216, 218
Neoplatônicos, neoplatonismo 50, 51, 139, 184, 185
Nussbaum, M. 204, 206

O
Olimpiodoro 184, 187
Ontologia 23, 63, 70, 91, 94, 115, 117, 119, 122, 208

P
Panécio de Rodes 31, 32, 33, 51, 69, 138, 201, 212, 213
Panteísmo 187
Papiro (textos que sobrivivem em) 43, 213
Pascal, B. 24, 196
Pensamento 24, 34, 55, 62, 76, 83, 95, 117, 118, 124, 125, 126, 149, 164, 165, 167, 170, 172, 175, 177, 192, 200, 202, 203, 204, 210
Peripatéticos 58
Perseu 27, 212
Perspectiva cósmica 141, 173, 174
Petrarca 189
Pirro, pirronismo 47
Platão, platonismo 16, 21, 26, 31, 32, 33, 34, 35, 47, 51, 105, 115, 116, 117, 118, 128, 148, 149, 163, 166, 167, 177, 180, 184, 186, 190, 202, 205, 208, 209, 212, 213
Pneuma 122, 124, 126, 127, 129, 135, 136, 137, 142, 144, 145, 146, 215, 216, 217, 218
Pomponazzi, P. 190, 191
Porfírio 50, 55, 183, 184, 185, 186
Pórtico Pintado 21, 22, 26, 60, 68, 176, 185, 195, 197, 203, 209, 211, 212, 213, 214
Possidônio 32, 33, 43, 45, 47, 51, 71, 83, 131, 163, 212, 213
Praxágoras 146
Preconcepções 110, 111, 216
Primeiras representações 100
Primeiro movimento 158
Princípios 23, 52, 53, 54, 75, 77, 78, 91, 109, 110, 122, 123, 124, 125, 126, 127, 129, 135, 144, 150, 198, 199, 200, 216
Problema do mal 142
Progridem 65
Propriedades emergentes 131, 146
Providência 138, 139, 140, 141
Psicologia 32, 47

Q
Qualificado de maneira peculiar 121
Quevedo 194

R

Racionalidade 145, 149, 151
Ralph Cudworth 132, 196, 197
Renascimento 24, 36, 42, 189, 202, 210
Representações 96, 98, 100, 101, 102, 103, 104, 105, 106, 107, 108, 114, 127, 145, 158, 159, 161, 164
 adequadas 101, 102, 103, 104, 105, 106, 107, 108, 114
Roma, Romano 11, 12, 22, 28, 30, 31, 37, 38, 39, 41, 45, 65, 67, 68, 179, 189, 212, 213
Russell, B. 206

S

Sábio (o estoico) 17, 23, 31, 36, 38, 41, 51, 54, 63, 64, 65, 66, 67, 68, 69, 72, 73, 78, 93, 94, 97, 98, 104, 105, 108, 130, 149, 159, 161, 162, 163, 173, 178, 179, 180, 192, 193, 196, 201, 203, 205, 212, 214, 217
Sêneca 12, 17, 21, 22, 24, 31, 34, 35, 36, 37, 42, 43, 45, 51, 58, 59, 60, 66, 67, 69, 75, 76, 78, 83, 93, 94, 113, 132, 141, 147, 150, 159, 162, 163, 179, 187, 188, 189, 191, 192, 193, 195, 196, 197, 198, 200, 201, 204, 206, 207, 210, 212, 213
Sentido, significado 30, 38, 57, 63, 65, 70, 76, 78, 81, 92, 93, 94, 113, 114, 117, 118, 126, 131, 140, 145, 167, 171, 175, 177, 207, 208, 215, 216
Sexto Empírico 17, 47, 48, 71, 82, 83, 86, 89, 90, 92, 106, 118, 120, 135, 213
Shaftesbury (Anthony Ashley Cooper) 200
Significado. *Cf.* Sentido, significado
Silogismo. *Cf.* Lógica
Simplício 17, 40, 50, 119, 120, 134, 184, 185, 187, 190, 214
Sócrates 22, 23, 25, 28, 38, 39, 54, 60, 62, 67, 68, 69, 76, 78, 88, 92, 93, 121, 143, 149, 150, 187, 202, 207, 214
Sopro. *Cf.* pneuma
Stirner, M. 203
Subsistir. *Cf.* Incorpóreos
Suda 55
Suicídio 66, 150, 151, 153, 212

T

Tácito 37, 193
Tempo 31, 33, 34, 39, 41, 42, 50, 54, 56, 59, 67, 75, 84, 94, 103, 117, 118, 124, 126, 133, 135, 154, 157, 172, 175, 180, 185, 187, 198, 217
Tensão. *Cf.* pneuma
Tertuliano 187
Textos (atitude em relação aos) 53
Thomasius, J. 198
Tomás Gataker 195
Tudo 135

U

Universais 88, 109, 110, 119, 120, 121

V

Valor 73, 88, 99, 100, 148, 151, 153, 154, 156, 157, 158, 159, 161, 162, 163, 164, 165, 166, 167, 172, 174, 175, 181, 189, 201, 203, 206
Vazio 118, 124, 133, 134, 135, 217, 218
Vespasiano (o imperador) 37
Vico 198
Vida em harmonia com a natureza 25
Voltaire 140
Voz 92, 93, 217

X

Xenofonte 25

Z

Zenão de Cítio 21, 22, 25, 26, 27, 28, 29, 33, 38, 51, 55, 60, 67, 71, 86, 104, 115, 116, 117, 122, 130, 131, 132, 150, 151, 152, 154, 157, 168, 170, 176, 177, 194, 197, 211, 212, 213, 214
Zenão de Tarso 30, 212, 214

Conecte-se conosco:

f facebook.com/editoravozes

◉ @editoravozes

X @editora_vozes

▶ youtube.com/editoravozes

✆ +55 24 2233-9033

www.vozes.com.br

Conheça nossas lojas:

www.livrariavozes.com.br

Belo Horizonte – Brasília – Campinas – Cuiabá – Curitiba
Fortaleza – Juiz de Fora – Petrópolis – Recife – São Paulo

  Vozes de Bolso

EDITORA VOZES LTDA.
Rua Frei Luís, 100 – Centro – Cep 25689-900 – Petrópolis, RJ
Tel.: (24) 2233-9000 – E-mail: vendas@vozes.com.br